MARCO POLO

W0077619

TOS KA NA

DEUTSCH-LAND
SCHWEIZ
ÖSTER-REICH
SLOWENIEN
FRANK-REICH
Mailand
KROATIEN
MC
Florenz
RSM
BOSNIEN-U.-HERZEG.
Korsika (F)
Toskana
Rom
ITALIEN
Sardinien (I)
Ischia
Neapel
Mittelmeer

MARCO POLO AUTORIN
Christiane Büld Campetti
Christiane Büld Campetti kam, nach Studium und Mitarbeit beim Bayerischen Rundfunk, Ende der Achtzigerjahre für ein Wochenende nach Florenz – und blieb. Bis heute pendelt sie zwischen der Toskana und München, schreibt Bücher und berichtet, vorwiegend für den ARD-Hörfunk, über die Region, ihre Menschen, ihre Kultur und ihre Lebensart.

REIN INS ERLEBEN

Mit dem digitalen Service von MARCO POLO sind
Sie noch unbeschwerter unterwegs: Auf den
Erlebnistouren zielsicher von A nach B navigieren
oder aktuelle Infos abrufen – das und mehr ist nur
noch einen Fingertipp entfernt.

Hier geht's lang zu den digitalen Extras:

http://go.marcopolo.de/tos

 **Touren-App**

Ganz einfach orientieren und jederzeit wissen, wo genau Sie gerade sind: Die praktische App zu den Erlebnistouren sorgt dank Offline-Karte und Navigation dafür, dass Sie immer auf dem richtigen Weg sind. Außerdem zeigen Nummern alle empfohlenen Aktivitäten, Genuss-, Kultur- und Shoppingtipps entlang der Tour an.

HTTP://GO.MARCOPOLO.DE/TOS

 Update-Service

Immer auf dem neuesten Stand in Ihrer Destination sein: Der Online-Update-Service bietet Ihnen nicht nur aktuelle Tipps und Termine, sondern auch Änderungen von Öffnungszeiten, Preisen oder anderen Angaben zu den Reiseführerinhalten. Einfach als PDF ausdrucken oder für Smartphone, Tablet oder E-Reader herunterladen.

SYMBOLE

INSIDER TIPP Insider-Tipp

★ Highlight

●●●● Best of …

☼ Schöne Aussicht

🍃 Grün & fair: für ökologi-
sche oder faire Aspekte

(*) kostenpflichtige
Telefonnummer

**PREISKATEGORIEN
HOTELS**

€€€ über 175 Euro

€€ 120–175 Euro

€ bis 120 Euro

Die Preise gelten pro Nacht
in der Hauptsaison für zwei
Personen im Doppelzimmer
mit Frühstück

**PREISKATEGORIEN
RESTAURANTS**

€€€ über 30 Euro

€€ 20–30 Euro

€ bis 20 Euro

Preise für ein für das jeweilige
Lokal typisches Hauptgericht
inklusive Gemüsebeilage und
Gebühr für Brot und Gedeck

GUT ZU WISSEN
Geschichtstabelle → S. 14
Spezialitäten → S. 28
Bücher & Filme → S. 100
Feiertage → S. 127
Was kostet wie viel? → S. 131
Kultursommer in der Toskana → S. 132
Wetter → S. 135

KARTEN IM BAND
(142 A1) Seitenzahlen und Koordinaten verweisen auf den Reiseatlas
(0) Ort/Adresse liegt außerhalb des Kartenausschnitts
Es sind auch die Objekte mit Koordinaten versehen, die nicht im Reiseatlas stehen
(U A1) Koordinaten für den Cityplan von Florenz im hinteren Umschlag
Karten zu Siena und Pisa finden Sie auf S. 62 bzw. 98

(🗺 A–B 2–3) verweist auf die herausnehmbare Faltkarte

UMSCHLAG VORN:
Die wichtigsten Highlights

UMSCHLAG HINTEN:
Cityplan Florenz

Die besten MARCO POLO Insider-Tipps

Von allen Insider-Tipps finden Sie hier die 15 besten

INSIDER TIPP **Slow Shopping**

Regionalität und Nachhaltigkeit, diese Slow-Food-Prinzipien gelten längst auch für Modisches, zeigt *Unusualflorence* → S. 39

INSIDER TIPP **Babyklappe mit Geschichte**

Am 13. Oktober 1445 um 5 Uhr nachmittags wurde im drehbaren Zylinder unter den Arkaden des florentinischen *Museo degli Innocenti* das erste Findelkind abgegeben → S. 36

INSIDER TIPP **Nostalgische Weintour**

Bei organisierten *Tagestouren mit dem Vesparoller* geht es ganz entspannt im Gänseblümchenbetrachtungstrab durch die Chiantihügel → S. 43

INSIDER TIPP **Mönchsidylle**

Bei der Wahl ihrer Rückzugsorte bewiesen die Gottesdiener stets ein gutes Auge. Beispiel: die 1000-jährige Abtei *Badia di Moscheta* im Mugello → S. 51

INSIDER TIPP **Vergessenes Flusstal**

Im Mittelalter herrschte in der *Lunigiana,* dem äußersten nordwestlichen Zipfel der Toskana, noch deutlich mehr Betrieb als heute. Das soll sich durch die Wiederbelebung der alten Frankenstraße ändern, die durchs Tal der Magra führt → S. 93

INSIDER TIPP **Nachhaltiger Gaumenschmaus**

Man muss den Tod der Fische ehren, indem man sie verspeist: So in etwa lautet das Motto, unter dem die Region Toskana die Werbetrommel für fast vergessene lokale Fischarten rührt, den sogenannten *pesce dimenticato* → S. 95

INSIDER TIPP **Klein Jerusalem**

Zeitweise waren um die 20 Prozent der Einwohner im südtoskanischen Hügelstädtchen *Pitigliano* Juden. Heute reicht ihre Zahl nicht einmal mehr, um einen Gottesdienst abzuhalten, doch das kulturelle Erbe wird trotzdem vorbildlich gepflegt → S. 78

INSIDER TIPP **Romanisches Kleinod**

Bei dem uralten Gotteshaus *Sant'Antimo* auf einer Wiese bei Montalcino stimmt jedes Detail: Ort, Atmosphäre, Architektur und Ausstattung (Foto u.) → S. 66

INSIDER TIPP **Toskanischer Kaviar**

Bernsteinfarben und beinhart ist die exquisite Spezialität der maremmanischen Lagunenfischer: *bottarga*, geräucherte Fischeier, meist von der Meeräsche – köstlich als Vorspeise oder über Pasta gehobelt → S. 77

INSIDER TIPP **Macht und Pracht**

Hinter den mittelalterlichen Mauern der *Malaspina-Festung* auf dem höchsten Punkt von Massa verbirgt sich ganz unerwartet harmonische Renaissanceeleganz → S. 91

INSIDER TIPP **Toskanischer Traumstrand**

Selbst an der toskanischen Küste gibt es dank regionalem Landschaftsschutz noch ursprüngliche Plätze wie den *Feniglia-Strand* auf der Halbinsel Monte Argentario → S. 77

INSIDER TIPP **Wanderlust und Pilgerfreude**

Zwischen dem Kloster La Verna und seiner Geburtsstadt Assisi in Umbrien kann man den Spuren des hl. Franziskus auf stillen Wegen durch eine großartige Natur folgen → S. 58

INSIDER TIPP **Tyrrhenisches Venedig**

Fast wie in der Lagunenstadt an der Adria können Sie auch am Tyrrhenischen Meer in *Livorno* große Teile der Innenstadt per Boot erkunden → S. 81

INSIDER TIPP **Das Brot der armen Leute**

Aus den Wäldern der *Garfagnana* im Hinterland von Lucca kommen vielfältige Produkte aus Kastanienmehl → S. 89

INSIDER TIPP **Skiparadies**

Die Pisten der Pistoieser Berge rund um *Abetone* sollte man nicht unterschätzen. Immerhin hat Skiass Alberto Tomba hier das Wedeln erlernt (Foto li.) → S. 45

BEST OF ...

TOLLE ORTE ZUM NULLTARIF
Neues entdecken und den Geldbeutel schonen

● **Vespamuseum**
Im *Museo Piaggio* in Pontedera können alle Fans des kultigen Motor-rollers anhand von Originalmodellen in die Geschichte der „Wespe" eintauchen → S. 101

● **Kunst im Landschaftsgarten**
Er habe sein Leben eben nicht zur Bank tragen wollen, lautet Giuliano Goris Antwort, fragt man ihn, wieso er seinen privaten Landschaftsgar-ten *Fattoria Le Celle* bei Pistoia mit Installationen hochkarätiger Künst-ler geschmückt hat. Zum Glück, denn Sie können ihn sich im Sommer nach Anmeldung gratis anschauen → S. 45

● **Badespaß nach Kulturgenuss**
Packen Sie das Badezeug ein, wenn Sie die Etrusker in *Populonia* be-suchen. Dort können Sie Ihren Kulturtrip nämlich mit Badevergnügen im *Golf von Baratti* kombinieren – eine der schönsten Badebuchten der Region, die bisher von kostenpflichtigen Strandbädern verschont blieb → S. 83

● **Wellness ganz umsonst**
An den heißen Quellen von *Saturnia* treffen Wellnesswelten aufeinan-der. Oben wandeln Hotel- und zahlende Tagesgäste in weißen Frottee-mänteln durch elegante Stille. Einige Hundert Meter weiter unten fällt das schwefelhaltige Wasser in natürliche Felswannen und kann gratis im Badedress genossen werden (Foto) → S. 78

● **Fürstliche Pracht**
Unter allen Medici-Villen rund um Florenz ist die in *Pog-gio a Caiano* vielleicht die schönste und sicherlich die eleganteste → S. 42

● **Kultur zum Nulltarif**
Ob Uffizien, Palazzo Pitti oder Bargello in Florenz, die Pinacoteca Nazionale in Siena oder das Archäo-logische Museum in Arezzo, für die *staatlichen Mu-seen* gilt: Jeden ersten Sonntag im Monat ist der Eintriff frei → S. 133

TYPISCH TOSKANA
Das erleben Sie nur hier

● Chianti wie im Fotoband
Kirchen und Palazzi, die sich hinter hohen Steinmauern zusammendrängen, schmale Gassen, die zu stimmungsvollen Plätzen führen: Im malerischen *Radda in Chianti* sieht die Toskana aus, wie man sie sich erträumt (Foto) → S. 65

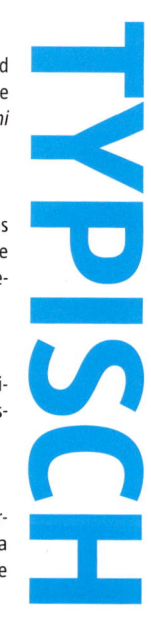

● Lebendige Kleinkunstszene
Geht im Sommer die Hochkultur in der Stadt in Urlaub, heißt es überall in der Provinz: Bühne frei! Wie in Certaldo, wo sich beim Straßentheaterfestival *Mercantia* Feuerschlucker, Bänkelsänger und Puppenspieler ein Stelldichein geben → S. 126

● Wind und Wale
Versprechen können es die Skipper aus *Viareggio* natürlich nicht. Möglich ist es aber durchaus, dass bei einer der Segeltörns Delphine Ihre Route kreuzen oder in Sichtweite ein Wal seine Kurven durchs Wasser zieht → S. 95

● Landwirtschaftliche Kooperativen
In der traditionell „roten" Toskana praktizieren selbst Landwirte und lokale Lebensmittelhersteller den Schulterschluss und vermarkten ihre lukullischen Qualitätsprodukte in Genossenschaftsläden, so etwa *I Vini di Maremma* bei Grosseto → S. 73

● Kulinarische Dorffeste
Landauf, landab künden im Sommer grelle Plakate eine *sagra* an. Das bedeutet: Ein Dorfplatz wird zum Restaurant, Frauen kochen lokale Spezialitäten, Männer und Kinder spielen Kellner und vom Erlös bekommt der Bolzplatz einen neuen Belag → S. 126

● Klösterliche Gastfreundschaft
Zahlreiche Klöster und Pilgerhospize stehen Ihnen als günstiges Feriendomizil offen, z. B. *La Verna* im Casentino und das Franziskanerkloster *Domus Bernardiniana* bei Massa Marittima → S. 57, 76

● Ingenieure der Eisenzeit
Das handwerkliche Können und technische Wissen der Etrusker verdient Bewunderung. Immerhin schnitten die Herren der Maremma schon vor zwei Jahrtausenden ganze Totenstädte und Hohlwege, wie im südtoskanischen *Sovana,* in den weichen Tuffstein → S. 78

TYPISCH

BEST OF ...

SCHÖN, AUCH WENN ES REGNET
Aktivitäten, die Laune machen

REGEN

● Samt und Seide
Ihren Ruhm und ihren Reichtum verdankt die Stadt Prato der Textilherstellung. Im dritten Jahrtausend war ihr das endlich ein themenbezogenes *Museum* wert, natürlich in einer ehemaligen Stofffabrik → **S. 49**

● Toskanische Unterwelt
Tropfsteinhöhle, Kupfermine und Etruskergrab – ein Beispiel: das Höhlenlabyrinth *Grotta Antro del Corchia* bei Carrara → **S. 93**

● Feine Schokolade und Pralinen
Zwei, drei seiner Pralinen genügen, um auch aus einem Regentag einen guten Tag zu machen. Ein Grund für Sie, im Laden des toskanischen Schokoladeweltmeisters *Andrea Slitti* in Monsummano Terme vorbeizuschauen (Foto) → **S. 46**

● Monument ungebremster Sammlerlust
Schon zu Lebzeiten machte der Sammler und Träumer Frederick Stibbert seine florentinische Villa zu einer Art volkskundlichem *Museum,* wo er wie in einer Theaterkulisse zwischen mittelalterlichen Rittern, japanischen Kriegern, chinesischen Prinzessinnen und indischen Maharadschas lebte → **S. 122**

● Montagstreff
Beim wöchentlichen „Degutreff" im *Gut Balduccio* in Lamporecchio wird über Wein und Olivenöl geplaudert sowie getrunken und verkostet. Gastgeber ist der Herausgeber der deutschsprachigen Weinzeitschrift Merum, Andreas März → **S. 46**

● Unterwasserwelt
Im *Aquarium* von Livorno flitzen bunt gemusterte Tropenfische durch die Becken, saugt sich Riesenkrake Otto an der Scheibe fest und ziehen Haie die Besucher in den Bann → **S. 79**

ENTSPANNT ZURÜCKLEHNEN
Durchatmen, genießen und verwöhnen lassen

ENTSPANNT

● **Göttliche Harmonie**

Gott war ein Florentiner! Vielleicht teilen Sie ja diese Meinung des Schriftstellers Anatole France, wenn auch Sie auf der Aussichtsterrasse des *Piazzale Michelangelo* die Sonne genießen, auf Florenz hinunterblicken und sehen, wie harmonisch sich die Stadt in die umliegende Natur einfügt → S. 32

● **Entspannung nach dem Besichtigungsmarathon**

Dicke Füße, wehes Kreuz nach langem Pflastertreten und vielen Stunden im Museum? Eine Wellnesspause mit Aromadusche, Tropenregen oder Sauna im *Hidron* bei Florenz ist da genau das Richtige → S. 39

● **Labsal für die Seele**

Im Kanu entspannt übers Wasser gleiten, vorbei an unberührter Natur, grünen Flussufern, Wildvögeln und weidenden Pferden. Möglich macht diese Form der Meditation der *Naturschutzpark der Maremma* (Foto) → S. 75

● **Süßes Nichtstun**

In der Weinstadt Montepulciano treffen Sie überall auf die heitere Gelassenheit toskanischer Lebensart, vor allem natürlich in ihrem inoffiziellen Wohnzimmer, dem *Caffè Poliziano*. Bei Espresso und Wein können Sie sich dort ganz dem Dolcefarniente hingeben → S. 67

● **Kuren in der Filmkulisse**

Einfach grandios! Mit einer Trinkwasserkur in den *Tettuccio-Thermen* von Montecatini entschlacken Sie nicht nur Ihren Köper. In dem prunkvollen Ambiente, das man aus zahlreichen Filmen kennt, kommt auch das Auge auf seine Kosten → S. 46

● **Der Weg ist das Ziel**

Schlendern Sie auf der malerischen *Via Vecchia* von Fiesole aus gemütlich den Hügel hinab Richtung Florenz, das sich in der Ferne majestätisch vor Ihnen ausbreitet. Prächtige Villen und weitläufige Parks säumen den Weg, je nach Jahreszeit umschmeichelt Sie der Duft von Jasmin, Wein und Lilien → S. 41

AUFTAKT

ENTDECKEN SIE DIE TOSKANA!

Eine Straße, ein Haus, eine Kirche, ein blauer Streifen Himmel und Meer und davor eine Herde frei lebender Pferde. Es scheint wie ein Märchen, dabei ist es Realität, heißt es in einem populären toskanischen Lied. In dieser Ode an die toskanische Heimat „La mia Terra" wird anschließend noch die Frage gestellt: Was mag es sein, was einen immer wieder hierher zurückkehren lässt. Die Natur? Die Kunst? Die Geschichte? Die Lebensart?

Die Antwort muss lauten: alles zusammen. Denn gerade diese einzigartige Mischung hat die mittelitalienische Region zwischen der Emilia-Romagna im Norden, Latium im Süden, Umbrien im Osten und dem Tyrrhenischen Meer im Westen zum *Inbegriff von Schönheit und Harmonie* und zur perfekten Projektionsfläche unserer Sehnsüchte gemacht. Vor allem das Chianti zwischen Florenz und Siena steht für diese Bilderbuchtoskana: mit seinen gestaffelten Hügelketten, den silbrig schimmernden Olivenbäumen und akkurat angelegten Weinbergen auf roter Erde, dazwischen steingraue Mauern, weidende Schafe und *von dunkelgrünen Zypressen gesäumte feudale Villen* und Bauernhäuser, wo man im Licht der Abendsonne bei Wein und gutem Essen zusammensitzt. Es ist eine aus der Zeit gefallene Welt, die die Seele anrührt.

Baptisterium, Dom und (schiefer) Campanile: das wunderbare Ensemble Campo dei Miracoli in Pisa

Dabei wurde in dieser vollendeten *Symbiose von Mensch und Natur* nichts dem Zufall überlassen. Vielmehr ist es eine vom Menschen geprägte Landschaft, in der Generationen von Bauern und Winzern, Waldarbeitern und Gärtnern, Baumeistern und Steinmetzen eine steinige, karge Wildnis kultiviert und zur fruchtbaren Terrassenlandschaft umgestaltet haben. Mit demselben *Gespür für die schöne Form* sorgen die Toskaner noch heute dafür, dass ihr Erbe aus der Vergangenheit erhalten bleibt. Sie haben den Respekt vor der Natur nicht verlernt und schützen sie, wie ihr reiches Kulturerbe, mit strengen Gesetzen.

Gleichzeitig steht die knapp 23 000 km² große Region (das entspricht etwa der Größe Mecklenburg-Vorpommerns) für eine enorme Vielfalt: mit *hochberühmten Teilgebieten* – das Chianti eben, die Maremma, das Casentino, die Küste der Versilia – und mit einer Vielzahl an Landschaftsformen, wie Sie bei der Fahrt durch die Region erleben werden.

10.–6. Jh. v. Chr.
Blüte der etruskischen Kultur

um 300 v. Chr.
Die Etrusker verlieren ihre Vorherrschaft an Rom

5.–7. Jh. n. Chr.
Völkerwanderung: Nacheinander herrschen Westgoten, Ostgoten, Byzantiner und Langobarden im Gebiet der Toskana

ab 774
Herrschaft der Franken unter Karl dem Großen

11. Jh.
Die Spannungen zwischen Kaiser und Kirche teilen die Städte der Toskana in zwei unversöhnliche Parteien: kaisertreue Ghibellinen und papsttreue Guelfen

Von Norden kommend heißt es zunächst den Apennin zu überwinden, dessen zum Teil *mehr als 1000 m hohe Berge* im Westen sogar zu einem zerklüfteten Karstgebirge ansteigen. An der Südseite gehen die dicht bewaldeten Abhänge dann langsam in sanfte Hügel über, die knapp 70 Prozent der gesamten Region ausmachen. Mal gleichen sie einer bukolischen Gartenlandschaft, wie bei Florenz und Lucca, mal sind sie spröde und steppenartig, wie in den Crete bei Siena, dann wieder wild und undurchdringlich, wie im toskanischen „Erzgebirge", den Colline Metallifere. Im Westen dann stößt die Region ans Tyrrhenische Meer. Sie besitzt einen rund 300 km langen Küstenstreifen, an dem sich *lange, weite Sandstrände* mit kleinen, versteckten Kieselbuchten und schroffen Felsklippen abwechseln. An klaren Tagen sehen Sie dort Elba und die anderen vorgelagerten Inseln des Toskanischen Archipels liegen, über die es – ebenso wie über die Hauptstadt Florenz – einen eigenen MARCO POLO Reiseführer gibt.

Doch ist die Toskana natürlich nicht nur eine von der Natur gesegnete Landschaft – schließlich gibt es hier Kunst und Kultur im Übermaß. An die 500 Museen, 3500 Kirchen, 300 Ausgrabungsstätten

Vollendete Symbiose von Mensch und Natur

sowie ungezählte Baudenkmäler machen die Region zu einer der reichsten Kulturlandschaften überhaupt. Schon vor drei Jahrtausenden schufen die Etrusker hier *die erste Hochkultur auf der Apenninhalbinsel*. Knapp 2500 Jahre später leiteten Humanismus und Renaissance die Neuzeit ein, die den Menschen zum Maß der Dinge machte. Diese Revolution in Kunst, Architektur und Philosophie lockte *Künstler und*

12./13. Jh.
Gründung der autonomen Stadtrepubliken

1434
Cosimo de' Medici übernimmt die Macht – es beginnt eine drei Jahrhunderte andauernde Hegemonie der Familie, zunächst in Florenz, später dann in der ganzen Toskana

1737
Die Toskana fällt an Österreich-Lothringen

1799–1815
Napoleons Toskana-Intermezzo

1860
Die Bevölkerung stimmt für den Anschluss an das Königreich Sardinien-Piemont

Baumeister an, darunter Erneuerer wie Giotto, Leonardo da Vinci, Michelangelo, Brunelleschi und Piero della Francesca. Überall hinterließen sie ihre Spuren, vor allem in den *toskanischen Kunststädten*: im mittelalterlichen Siena, in Pisa mit seinem berühmten Marmorensemble rund um den Schiefen Turm, im eleganten und behaglichen Lucca, geschützt von seinen begehbaren Mauern, und natürlich in Florenz. Nirgendwo sonst ist auf so engem Raum so viel Kunst versammelt wie in diesem politischen und wirtschaftlichen Zentrum der Toskana. Die ganze Stadt ist ein einziges Kunstwerk, wo noch jedes kleine Detail von der Geschichte erzählt: von den Römern, die Florentia gründeten, von den selbstbewussten, freien Bürgern im Mittelalter, die hier das moderne europäische Stadtbürgertum erfanden, oder von den Handwerkern, die mit ihrer Kunstfertigkeit die Grundlage für Ruhm und Reichtum der Stadt legten.

> **Das moderne europäische Stadtbürgertum wurde hier erfunden**

Doch auch damit ist längst noch nicht alles erfasst, was die Toskana ausmacht. Wer sich für Land und Leute interessiert, muss sich auf den kurvigen Nebenstraßen in die Toscana Minore wagen, die *Toskana der kleinen Dörfer*. Über das gesamte Territorium verteilt hat sich im Lauf der Zeit auf fast jedem Hügel, fast jeder Bergkuppe ein malerischer Ort aus einer etruskischen Siedlung, einer römischen Festung, einer mittelalterlichen Burg entwickelt. Heute schlendert man hier durch *gelebte Geschichte* und kann in den schmalen Gassen und auf den Plätzen, bei einem *gelato* oder einem Glas Wein, die heitere Gelassenheit toskanischer Lebensart genießen. Dazu gehört der nachmittägliche Plausch auf der Bank neben der Haustür ebenso wie eine Kartenpartie in der Dorfbar, *das abendliche Flanieren über die Piazza* genauso wie das jährliche Dorffest, die *sagra,* wo die Bewohner lokale Spezialitäten servieren.

Jeder dieser Orte ist anders schön und alle sind sie gleichermaßen stolz auf ihre Geschichte. Dafür gibt es sogar einen Begriff: *campanilismo.* Dessen wörtliche Übersetzung „Kirchturmpolitik" hat einen abwertenden Beiklang von Provinzialiät. Dabei bildet der *campanilismo* vielmehr die Grundlage für den ausgeprägten Individualismus der knapp 3,7 Mio. Toskaner, die – stets ihrer großen Kultur und ihrer Herkunft bewusst – genau wissen, dass die Zukunft ein antikes Herz hat und sich Fortschritt immer auf Tradition gründet.

1865–70
Florenz ist Hauptstadt des neuen Königreichs Italien

1944
Der deutsche Verteidigungswall im Apennin verläuft an der Nordgrenze der Toskana, die so zum Kampfgebiet wird

1999
Città Slow, ein Netzwerk für Umweltschutz und Lebensqualität, wird in der Toskana gegründet

2015
In Rom mischt Ministerpräsident Matteo Renzi, langjähriger Bürgermeister aus Florenz, die italienische Politik auf, während die Regierung der Toskana auch in Krisenzeiten in Kultur und Landschaftsschutz investiert

Natürlich existiert daneben auch eine Alltagstoskana, die mit denselben Problemen zu kämpfen hat wie andere Regionen auch: Verkehrsinfarkt, Luftverschmutzung, Umweltsünden. Doch diese Plagen der Moderne halten sich in Grenzen. Millionenstädte, Intensivlandwirtschaft, Industriezentren? Fehlanzeige! Mit wenigen Ausnahmen, wie in der zersiedelten Ebene um Florenz, leben die Toskaner klugerweise in überschau-

Vom Turm des Palazzo Vecchio in Florenz liegt Ihnen die zentrale Piazza della Signoria zu Füßen

baren Orten, wo der Mensch das Maß der Dinge geblieben ist. Und ob im Alltag, in der Wirtschaft, wo mittelständische Betriebe und das Handwerk dominieren, oder in der Landwirtschaft, wo man erfolgreich auf Anbau, Aufzucht und Herstellung von *Qualitätsprodukten* setzt, überall heißt es: *Piccolo è bello* – klein ist fein.

Qualität statt Quantität, dieses toskanische Leitmotiv, gilt auch für die Toskana als Ferienregion, in die neben den klassischen Kulturtouristen heute mehr und mehr auch Erholungsuchende, *Aktivurlauber und Genießer* strömen. Sie finden hier ein nachhaltiges Urlaubsparadies, wo behutsam mit den Ressourcen umgegangen wird und wo man sich anstatt in Bettenburgen in einem *agriturismo* einmietet, der italienischen Form von Ferien auf dem Bauernhof. In *malerisch restaurierten Gutshöfen*, hochherrschaftlichen Villen oder Landgütern mit Pool und Garten findet man die idealen Bedingungen, um dieses Reich der Sinne schauen, riechen und auch schmecken zu können.

> **Der Mensch ist hier das Maß der Dinge**

IM TREND

1 Zack, Bang, Plonk

Comics Graphic Novels sind nicht mehr nur für Kinder. Die erwachsenen Comics sind wahre Kunstwerke und Italiens Hauptstadt der „Bilderbücher" liegt in der Toskana. In Lucca findet nicht nur das Comicfestival Lucca Comics & Games statt. Dort steht auch das Comicmuseum *Museo Nazionale del Fumetto (Piazza San Romano 4)*. Wer nicht nur gucken, sondern auch kaufen will, geht zu *Il Collezionista (Piazza San Giusto 1)*. Und nahebei, in Pescia, befindet sich *L'Elefante (Viale Europa 16)*, eine Bücherei ausschließlich für Comics.

Zum Anbeißen

2

Wellness Olivenöl, Meersalz und Holunder sind die Schönmacher in den *Terme San Giovanni (Via Terme San Giovanni 52 | Rapolano Terme)*. Dort sorgen die Naturzutaten für zarte Haut. Im *Fonteverde Natural Spa* bei San Casciano dei Bagni setzen die Beautyprofis ebenso auf Naturpower wie im *L'Andana (Castiglione della Pescaia | Ortsteil Badiola | Foto)*. Der Geheimtipp des *Spa of the Senses* in den *Terme Sensoriali (Piazza Martiri Perugini | Chianciano Terme)* ist die Weintherapie – äußerlich angewandt, versteht sich.

3 Designerpalazzo

Alt & neu In Florenz' Zentrum liegt das *Una Hotel Vittoria (Via Pisana 59)*. Halb Palast, halb Designherberge, bringt es Herzen zum Höherschlagen. Mehr als 100 Jahre zählt die *Villa Fontelunga (Foiano della Chiana | Ortsteil Pozzo | Foto)*, verstaubt ist das Hotel aber keineswegs. Philip Robinson sorgte dafür, dass I-Pod-Dock und Antiquitäten harmonieren. Jeder Besuch im *Gallery Art Hotel (Vicolo dell'Oro 5)* in Florenz ist anders – dank der wechselnden Kunstausstellungen.

Tanz mit dem Wind

Kitesurfen   Hat man den Dreh erst einmal raus, ist der rasante Ritt auf den Wellen ein riesiger Spaß. Ein guter Lehrer ist beim Kiten deshalb unverzichtbar. Die Profis von *Surf Relax (Via Amorotti 2 | www.surfrelax.it)* in Follonica helfen beim Einstieg und stehen auch Könnern noch mit Tipps zur Verfügung. Weiter südlich bieten die Kiteschulen *Kite's Angels Beach IKO Center (www.kitesurftoscana.it)* in Marina di Grosseto und *TWKC (Via Talamonese | www.twkc.it)* in Talamone Kurse an. Beide verleihen auch Schirm, Brett und Co. Wer eine eigene Ausrüstung benötigt, wird im nahen Fonteblanda im *TWKC Shop (Via Aurelia Vecchia 41)* fündig. Außer in Talamone herrschen die besten Windverhältnisse rund um Castiglione della Pescaia, wo man den Kitern einen eigenen Strandabschnitt *(www.kitebeachfiumara.it)* zugeteilt hat.

Ohne Schnickschnack

Fiaschetteria   Kleine Speisen, ein Glas Wein am Tresen: In den *fiaschetterie* geht es bodenständig zu. Es wird Wein verkauft und getrunken und oft stehen auch hausgemachte und regionale Spezialitäten zum Verkauf. Die *Fiaschetteria Nuvoli (Piazza dell'Olio 15)* in Florenz ist bei den Einheimischen wegen ihrer kleinen Preise und leckeren Speisen beliebt. Wenn Sie das Sträßchen hinuntergehen, landen Sie bei *La Mescita (Via degli Alfani 70r)*. Hier wandern seit 1927 knusprige *panini* über den Tresen. Heute entdecken auch die jungen Florentiner diese kleinen Gastroperlen wieder. Auch außerhalb von Florenz gibt es *fiaschetterie*, etwa das *Caffè Fiaschetteria Italiana (Piazza del Popolo 6)* in Siena. Auch das gibt es bereits seit 1888.

FAKTEN, MENSCHEN & NEWS

AGRITURISMO

Überall weisen Schilder den Weg zu meist aufwendig renovierten Ferienwohnungen in malerisch gelegenen Bauernhäusern und Weingütern, die mit allem erdenklichen Komfort ausgestattet sind. Inklusive Swimmingpool, der in dieser Region mit Wasserproblemen im Sommer eigentlich nichts verloren hat. Mit der ursprünglichen Idee, Kleinbauern eine zusätzliche Einnahmequelle zu garantieren und Naturliebhabern einen authentischen Einblick in das bäuerliche Leben zu ermöglichen, haben diese schicken Urlaubsunterkünfte nicht mehr viel zu tun. Zwar betreiben einige Anbieter noch immer Oliven- oder Weinanbau oder züchten heimische Tierrassen, doch ist Landwirtschaft häufig nur noch Beiwerk fürs Tourismusgeschäft, das längst Haupterwerb ist. Die Ferienbauernhöfe der Anfangszeit findet man am ehesten noch in touristischen Randgebieten.

CITTÀ SLOW

Italienisch für „Stadt" und Englisch für „langsam": Kommunen, die sich mit dieser Bezeichnung schmücken, zeigen an, dass sie sich verpflichtet haben, auf Gemeindeebene die traditionellen Strukturen zu erhalten, Autos aus der Innenstadt zu verbannen, sich vorwiegend mit lokalen Produkten zu versorgen und nachhaltige Energien zu nutzen. Die Initiative zur Entschleunigung wurde 1999 von Slow Food initiiert, der weltweiten Bewegung für den Erhalt biologischer Vielfalt und regionaler Spezialitäten.

Ohne Kultur geht nichts im Ursprungsland der Renaissance – das gilt auch im Alltag, ob bei der Stadtplanung oder bei Essen und Trinken

Erklärtes Ziel ist es, lebenswerte, nachhaltig wirtschaftende Orte zu fördern. Gründungsmitglied der mittlerweile internationalen Aktion war das Weinstädtchen Greve in Chianti.

DOP & IGP

In der hügeligen, manchmal bergigen Region sind Intensivlandwirtschaft und Massentierhaltung fast unmöglich. Zum Glück, kann man angesichts immer häufiger auftretender Lebensmittelskandale nur sagen! Denn um konkurrenzfähig zu bleiben, haben sich viele toskanische Landwirte und Lebensmittelhersteller auf Anbau und Herstellung lokaler Qualitätsprodukte spezialisiert, die sie im Direktverkauf anbieten. Die Liste reicht vom Kastanienmehl aus der Garfagnana über eine besonders schmackhafte, weiße Hühnerrasse aus dem oberen Arnotal und Schafskäse aus Pienza bis zum zarten Schinken der heimischen Schweinerasse Cinta Senese. In der Regel sind diese lokalen Produkte mit der geschützten Ursprungsbezeichnung DOP

(Denominazione d'Origine Protetta) oder deren Vorläufern DOC und DOCG gekennzeichnet. Sie garantiert, dass sie auf traditionelle Weise angebaut bzw. gezüchtet und verarbeitet werden. Weniger streng sind die Vorgaben für die geschützte geografische Angabe IGP (Indicazione Geografica Protetta). Um dieses Siegel zu erhalten, reicht es aus, wenn einer der Produktionsschritte in der Herkunftsregion stattfindet.

ETRUSKER

„Die Etrusker waren, wie jeder weiß, das Volk, das in der römischen Frühzeit Mittelitalien bewohnte und das die Römer, auf ihre übliche gutnachbarliche Manier, völlig ausrotteten, um für Rom Raum zu schaffen." Noch Fragen? So trocken resümiert Reiseschriftsteller D. H. Lawrence das Ende des Volks, das um 1000 v. Chr. vermutlich aus Kleinasien zuwanderte, sich im Dreieck zwischen tyrrhenischer Küste, Arno und Tiber niederließ und vor Beginn unserer Zeitrechnung bereits untergegangen war. Gleichwohl haben die Etrusker als großartige Bautechniker und Handwerker unauslöschliche Spuren hinterlassen. Seinen Reichtum verdankte das friedliebende Volk, bei dem Frauen den Männern ebenbürtig waren, dem Abbau und der Verarbeitung von Eisenerz. Ungewöhnlich war ihr ausgeprägter Totenkult. Ihre Totenstädte, die Nekropolen, waren für die Ewigkeit gebaut, ihre prächtigen Gräber mit allem ausgestattet, was das Leben angenehm macht. Was man heute über sie weiß, stammt aus diesem Nachlass.

GUELFEN UND GHIBELLINEN

Papstanhänger und Kaisertreue – heute würde man wohl linke Mitte und rechte Mitte sagen –: Dieses Gegensatzpaar taucht erstmals um 1215 auf und wird noch immer bei politischen Auseinandersetzungen bemüht. Im Mittelalter ahnten

Von außen ist die Gräberpracht nicht zu erahnen: Etruskernekropole in Populonia

die autonomen Stadtrepubliken, dass sie nicht ohne mächtige Schutzherren gegen den Expansionsdrang der Nachbarn auskommen würden. Zur Wahl standen die Anhänger der deutschen Welfenfürsten, die die Politik des Papsttums unterstützten, und die Parteigänger der Stauferkaiser aus Waiblingen, die die Trennung von Kirche und Macht forderten. Florenz und Lucca entschieden sich für die Guelfen, weil die Kirche mit ihren internationalen Verbindungen den Handel begünstigte. Arezzo, Pisa und Siena schlossen sich den Ghibellinen an, weil sie sich von diesen Unterstützung gegen den florentinischen Expansionsdrang erhofften. Dabei dachten die Guelfen zeitgemäßer als die Ghibellinen, die die Macht beim Adel lassen wollten. Die Papstanhänger hingegen wollten die Großkaufleute, die am Wohlstand der Städte wesentlichen Anteil hatten, an der Regierung teilhaben lassen. Schon bald galt die Zugehörigkeit zur Partei mehr als die zur eigenen Stadt. Deswegen kämpften ghibellinische Florentiner beispielsweise auf der Seite Sienas, guelfische Sienesen für Florenz.

HISTORISCHE WETTKAMPFSPIELE

Viele toskanische Stadtfeste haben Wettkampfcharakter: Bei einem Rennen oder beim Bogenschießen treten Vertreter von Stadtvierteln in prachtvollen Kostümen gegeneinander an. Den Gewinnern winkt eine Trophäe. Meistens werden die Spiele von prächtigen Umzügen sowie einem Gelage begleitet und erinnern an ein Ereignis aus der Stadtgeschichte. Das ziemlich derbe Ballspiel Calcio in Costume in Florenz etwa spielt einen Wettkampf zwischen Florentinern und kaiserlichen Truppen aus dem Jahr 1530 nach. Mit wenigen Ausnahmen, wie der des berühmten Palio von Siena, waren diese Stadtfeste zwischenzeitlich in Vergessenheit geraten und wurden erst in den 1960er-Jahren aus der Mottenkiste der Erinnerung gegraben.

KÜNSTLERGÄRTEN

Die Toskana übt seit jeher große Anziehungskraft auf Künstler aus aller Welt aus. Fasziniert vom großen Kulturerbe und dem milden Klima haben sich daher auch zahlreiche zeitgenössische Maler und Bildhauer hier niedergelassen. Sie wollten sich in der alten Kulturlandschaft ihren Traum vom Rückzugsort auf dem Land verwirklichen, dort im Einklang mit der Natur in Ruhe arbeiten und leben. Dabei haben sie oftmals die Umgebung in ihre Arbeit mit einbezogen oder einen Skulpturengarten mit eigenen Werken und denen von Freunden angelegt. Das Spektrum der heutigen Künstlergärten reicht vom kunterbunten Monument einer Liebe über einen Klanggarten, wo der Wind auf den Skulpturen spielt, bis zum Landschaftsgarten mit Auftragsarbeiten weltbekannter Künstler. Viele sind zumindest im Sommer für Besucher geöffnet.

MACCHIA

Wie überall im Mittelmeerraum trifft man auch in der Toskana auf dieses niedrige, undurchdringliche Buschwerk aus Lorbeer, Ginster, Wacholder, Erdbeerbaum, Baumheide und Myrte. Das war jedoch nicht immer so – in der Antike war die gesamte Region noch von dichten Wäldern überzogen. Vor allem im Küstenbereich verschwanden viele durch rigorose Abholzung. Etrusker, Römer und mittelalterliche Eisenhüttenbesitzer befeuerten damit ihre Brennöfen. Die freigelegten Flächen wurden Opfer der Bodenerosion. In deren Folge breitete sich die genügsame, immergrüne Macchia aus, die sich optimal der sommerlichen Hitze und Trockenheit anpasst.

MEDICI

Keine andere toskanische Familie hat derart viele Spuren hinterlassen wie die Medici, die vor knapp 600 Jahren den Aufstieg von kleinen Krämern zu absolutistischen Fürsten schafften. Aus dem Mugello im Nordosten der Toskana zugewandert, übernahmen sie 1434 die Macht in der Stadtrepublik Florenz. Als Bankiers des Papsts waren sie zu Geld und Einfluss gekommen. Von kleinen Unterbrechungen abgesehen, bestimmten sie fast drei Jahrhunderte lang die Geschicke der Renaissancestadt und später der gesamten Toskana. Berühmtheit erlangten die Medici auch als bedeutende Kunstmäzene. Doch förderten sie Kunst und Architektur nicht ohne Hintergedanken. Heutigem Sponsoring nicht unähnlich, nutzten sie sie als Propagandamittel, um neben Macht und Reichtum auch ihren Ruhm zu mehren. Im Gegenzug bekamen die Künstler freie Hand. Das machte Florenz zum Mekka für Maler, Bildhauer und Baumeister und ist der Grund, warum die Arnostadt heute ein einziges Museum ist.

MEZZADRIA

Noch bis in die Mitte des 20. Jhs. wurde in der toskanischen Landwirtschaft dieses System der Halbpacht praktiziert. Der Grundbesitzer stellte Land, Haus, Vieh, Saatgut und Gerät, der Halbpächter, der *mezzadro,* bestellte die Felder und musste die Hälfte seiner Erträge abgeben. Die Landbesitzer konnten gut davon leben, die Pächter verarmten. Zwar ermöglichte es ihnen eine Landreform in den 1950er-Jahren, die Häuser zu kaufen, doch fehlte ihnen dafür oft das Geld und sie wanderten in die Städte ab. Anfangs kauften Ausländer die verlassenen Höfe; heute werden sie wieder vorwiegend von Italienern bewohnt oder an Feriengäste vermietet.

NATURSCHUTZPARKS

Nicht nur die zahllosen Kulturdenkmäler stehen in der traditionell links regierten Toskana unter Schutz, auch ein großer Teil der abwechslungsreichen Naturlandschaft: knapp zehn Prozent des Territoriums, rund 2200 km^2, so viel wie in keiner anderen italienischen Region. Da sind zunächst die beiden Nationalparks: der Parco Nazionale delle Foreste Casentinesi mit riesigem Baumbestand, wunderschönen Wasserfällen und abwechslungsreicher Fauna und das größte Meeresschutzgebiet im Mittelmeer, der Park des Toskanischen Archipels mit den Inseln Elba, Giglio, Capraia, Giannutri, Gorgona, Montecristo sowie Pianosa. Alles Wissenswerte über das beliebte Ferienziel für Badeurlauber und Wanderfreunde finden Sie im MARCO POLO Band „Elba/Toskanischer Archipel". Darüber hinaus gibt es rund 100 mehr oder minder große lokale und regionale Parks sowie Schutzreservate. In der Regel verfügen sie über ein Besucherzentrum mit Informations- und Kartenmaterial.

PIEVE

Es ist kein Zufall, dass sich die kleinen, schlichten Landkirchen, die zu den ältesten Zeugnissen toskanischer Sakralbaukunst gehören, in der Regel außerhalb der Ortschaften befinden. Sie wurden ab dem 11. Jh. an wichtigen Routen errichtet, damit sowohl die Bewohner als auch Durchreisende sie problemlos erreichen konnten. Meist waren es Pfarrkirchen, zu erkennen am Taufbecken und an einem eigenen Friedhof. Erbaut aus heimischen Materialien – roh behauenen Steinen, Holz und Terrakotta –, folgen sie im Innern dem einfachen Grundriss einer altchristlichen Basilika. Sie besitzen ein gewölbeloses Langhaus, das hinter dem Chorraum in die Apsis übergeht, und sind meist ohne Querschiff.

RENAISSANCE

Die Wiedergeburt – auf Italienisch *rinascita* – antiker Ideale in Philosophie, Wissenschaft und Kunst: Diesen Begriff für die Zeit zwischen 1400 und 1600, in der ein tief greifender kultureller Wandel stattfand, prägte der Maler und Architekt Giorgio Vasari. Im Mittelalter besaß die Kirche das Bildungsmonopol und so dominierte ihr ganz auf Gott bezogenes Weltbild. Die florentinischen Humanisten um Francesco Petrarca kanzelten die Epoche als „dunkel" und sinnenfeindlich ab und propagierten stattdessen ein dem Diesseits und natürlicher Sinnlichkeit zugewandtes Lebensgefühl, in dem der Mensch das Maß war und zur Eigenverantwortung angehalten wurde. Angeregt vom humanistischen Denken, ließen auch Künstler die wiederentdeckte Diesseitsfreude in ihre Arbeit einfließen: Statt weiterhin symbolhaft und starr ihre Motive darzustellen, konzentrierten sie sich auf die wirklichkeitsgetreue Darstellung von Mensch und Landschaft. Gleichzeitig wurden in der Architektur die himmelwärts aufstrebenden Linien der Gotik von den breit angelegten Renaissancebauten mit der Betonung der Horizontalen abgelöst.

WEINSTRASSEN

Dass die Toskana auch ein Land der kulinarischen Hochkultur ist, davon zeugen nicht weniger als 15 Weinstraßen, die sich durch die Toskana schlängeln. Braune Hinweisschilder weisen Sie auf die am Wegrand liegenden Weingüter, Kellereien und Önotheken hin. Doch kommen auch andere kulinarische Spezialitäten des jeweiligen Gebiets sowie Kulturdenkmäler nicht zu kurz. So lockt beispielsweise die Strada del Vino Vernaccia di San Gimignano mit Safran, der im Umland angebaut wird, und die Strada del Vino Nobile di Montepulciano macht einen Schlenker zu den Schwefelthermen von Bagno Vignoni.

Was in diesen Fässern reift, wird ein im Wortsinn edler Wein: Vino Nobile di Montepulciano

ESSEN & TRINKEN

Wenige, aber dafür nur die allerbesten Zutaten: So lautet das Grundprinzip der traditionellen toskanischen Küche. Raffinesse liegt den Toskanern nicht. Sie wollen die einzelnen Bestandteile eines Gerichts herausschmecken.

Sie kochen vorwiegend mit frischen Produkten aus dem regionalen Angebot – eine *Bauernküche* eben, bei der auf den Tisch kommt, was Garten, Stall und Wald zur jeweiligen Jahreszeit hergeben. Wichtigste Zutat ist *kalt gepresstes Olivenöl*. Die viel gepriesene mediterrane Diät aus leichten Gerichten – in der Toskana ist sie eine wohlschmeckende Selbstverständlichkeit. Die ❷ Auszeichnungen „Vetrina Toscana" und „Campagna Amica" verheißen Zutaten aus integrierter Landwirtschaft.

Antipasto, *primo, secondo,* Dessert: Sich durch die komplette Speisefolge zu essen ist mittlerweile auch in der Toskana selten geworden. Das geschieht nur noch, wenn Gäste kommen, man sich im Restaurant mit Freunden und Kollegen trifft oder an Feiertagen, wenn sich die ganze Familie um den Tisch versammelt. Immer dabei sind *acqua minerale, liscia* (still) und *gasata,* lokaler Rotwein *(vino di casa)* und salzloses Brot. Denn auf Salz kann man bei den *wohlriechenden Kräutern* und frischen Aromen gut verzichten. Zur *prima colazione,* zum Frühstück, bevorzugt man Gebäck und Kaffee, am liebsten in der Bar an der Ecke. Damit fahren auch Sie oft besser als mit dem phantasielosen Frühstücksbuffet im Hotel. Bestellen Sie dort nur Espresso *con*

Erstklassige, frische Grundprodukte: Das ist die so gesunde wie wohlschmeckende Grundlage toskanischer Kochkunst

latte caldo oder Cappuccino – ansonsten wird Ihnen gerne schon mal Instantkaffee *(caffè americano)* als Caffè Latte serviert.

Antipasti sollen die Gäste bei Laune halten, während sie auf die frisch zubereiteten Speisen warten. Typisch für die Toskana sind *crostini* oder Bruschetta mit in Öl eingelegtem Gemüse, *prosciutto* mit Melone oder ein *pinzimonio,* ein Rohkostgemisch mit Olivenöl. Darauf folgt der *primo piatto,* der erste Gang, meist Pasta oder auch, typisch für die Toskana,

eine *deftige Gemüsesuppe.* Der Hauptgang, das *secondo,* besteht aus Fisch oder Fleisch; die Salat- oder Gemüsebeilage *(contorno)* wird, wenn gewünscht, gesondert dazubestellt. Den Abschluss bilden Obst, Schafskäse oder *cantuccini,* die harten Mandelplätzchen aus Prato, die in den Dessertwein *vin santo* getunkt werden.

Wer gerne Eis mag, findet überall eine *gelateria.* Achten Sie auf den Zusatz *artigianale* (selbst gemacht) und darauf, dass das Eis nicht zu Bergen aufgetürmt

aglio, olio, peperoncino – klein gehackter Knoblauch und Chilischoten, in kalt gepresstem Olivenöl angedünstet – als Pastasauce unschlagbar

arista alla fiorentina – im Ofen gebackener Schweinebraten, mit Knoblauch und Rosmarin gewürzt

bistecca alla fiorentina – T-Bone-Steak, am besten von den weißen Chianinarindern aus dem Chianatal. Das Fleisch wird ohne Fett und Salz auf einen Holzkohlegrill gelegt und erst anschließend nur mit etwas Olivenöl bestrichen

bollito con salsa verde – gemischtes gekochtes Fleisch (Huhn, Rind, Zunge ...) mit Sauce aus Kräutern und Olivenöl

bruschetta – geröstetes Weißbrot, mit Knoblauch, Salz, Olivenöl und eventuell Tomaten bestrichen

cacciucco alla livornese – sämige Fischsuppe aus allem, was das Meer zu bieten hat

castagnaccio – Kuchen aus Kastanienmehl mit Pinienkernen und Rosmarin

crostini – geröstetes Weißbrot, meist mit einer Farce aus Geflügelleber (Foto li.)

fagioli all'uccelletto – weiße Bohnen in Tomatensauce mit Salbei

panforte/panpepato – Gewürzkuchen mit Mandeln und kandierten Früchten aus Siena, vor allem zu Weihnachten (Foto re.)

pappa col pomodoro – ein *primo* aus Tomatensauce und altbackenem Brot

peposo – toskanisches Kalbsgulasch mit viel schwarzem Pfeffer und Rotwein

pici – dicke Hartweizennudeln, gut vor allem zu herzhaften Fleischsaucen

pinzimonio – Karotten, Fenchel, Selleriestangen, roh in eine Mischung aus Olivenöl und Salz getaucht

ribollita – Suppe aus weißen Bohnen, Kohl und Suppengemüse, am besten, wenn sie aufgewärmt („ribollita") ist

trippa alla fiorentina – Kalbskutteln mit Tomatensauce und Suppengemüse

zuppa di farro – Dinkelsuppe mit Suppengemüse und Schwarzkohl

---

ist: ein untrügliches Zeichen, dass mit Zusatzstoffen gearbeitet wird.

In Touristenorten werden häufig Festpreismenüs *(menú turistico)* angeboten. Wer lieber selber wählt, muss tiefer in die Tasche greifen. Zusätzlich fällt in Italien das *coperto* an, eine pauschale Gebühr für Gedeck und Brot. Der *servizio*, der Aufschlag für die Bedienung, ist hingegen meist im Preis inbegriffen. Trinkgeld geben Sie also nur, wenn Sie zufrieden waren.

Die Grenzen zwischen den *verschiedenen Lokaltypen* – *ristorante, trattoria, osteria, pizzeria, rosticceria, enoteca* – sind verwischt. Es lassen sich auch keine Rückschlüsse auf die Preiskategorie zu. Wer sich vor Überraschungen schützen will, sollte vorher einen Blick auf die draußen angeschlagene Speisekarte werfen.

Bars gibt es an jeder Ecke. Morgens trinkt man hier seinen Cappuccino zu einer *brioche,* einem Croissant oder einem anderen Gebäckstück. Mittags gibt es Sandwiches (*panini* oder die dreieckigen *tramezzini* aus ungetoastetem Toastbrot) und Salat und gegen Abend nimmt man hier seinen *aperitivo.* Man bezahlt dann zwar einen etwas überhöhten Preis fürs Getränk, darf sich dafür aber gratis am *Fingerfoodbuffet* bedienen. In den *pasticcerie* gibt es die süßen Sünden, die man als Gast oft zu Abendeinladungen mitbringt.

52 DOP (elf DOCG, 41 DOC) und sechs IGP: So lautet die Visitenkarte der Toskana in Sachen Wein. Damit steht die Region ganz oben auf der Liste der italienischen *Qualitätsweine* mit kontrolliertem Gütesiegel. Und das ist nur die Spitze des Eisbergs oder besser gesagt des Weinbergs. Denn in den über 40 Anbaugebieten der Region verbergen sich auch hinter der Kategorie *vino da tavola* häufig Spitzenweine wie etwa der Sassicaia, einer jener in der Weinwelt legendären „*Supertuscans"*, die seit Jahren überall Preise abräumen. Ein Tipp für Unsichere: Steht auf dem Etikett der Hinweis *prodotto e imbottigliato all'origine,* also produziert und abgefüllt am Ursprungsort, sind Sie auf der sicheren Seite: Hier garantiert ein Winzer mit seinem Namen für Qualität.

Traditionsgemäß sieht die Toskana rot, was Wein betrifft. Brunello di Montalcino, Vino Nobile di Montepulciano, *Chianti Classico* und Morellino di Scansano sind die Bestseller der Region. Was sie alle gemeinsam haben, ist die Sangiovesetraube, die toskanische Rebsorte schlechthin.

Doch längst machen auch Weißweine von sich reden, vor allem der trockene und fruchtige Vernaccia di San Gimignano aus einer ebenfalls *typisch toskanischen Rebsorte*. Die anderen Trauben haben in der Regel einen Migrationshintergrund, wie der Merlot, der Cabernet Sauvignon oder die vor allem aus Sardinien bekannte Weißweinrebe Vermentino, der aktuelle Star am toskanischen Weißweinhimmel. Der süße *vin santo* ist der toskanische *Dessertwein* schlechthin. Die weißen Trauben werden in einem gut belüfteten Raum aufgehängt, getrocknet und mindestens drei Jahre lang gelagert.

Perfektes Paar: *cantuccini* und *vin santo*

EINKAUFEN

Wer sich etwas gönnt, tut seiner Seele einen Gefallen. Für diese Form von Wellness ist die Toskana die ideale Gegend, denn das Gespür für die gute Form hat hier eine lange Tradition. Hier das toskanische Einkaufseinmaleins.

ACCESSOIRES

Italienische Eleganz, das sind vor allen Dingen die schmückenden Kleinigkeiten, das raffinierte Halstuch, der tolle Hut, die handgearbeiteten Schuhe, der ausgefallene Modeschmuck, die bestickte Serviette aus feinem Tuch für die Festtagstafel. Stilsicher wissen die von Schönheit verwöhnten Toskaner, was wann wie wozu am besten passt. Wer es sich leisten kann, kauft sich die schönen Dinge in den traditionellen Fachgeschäften oder den Luxusläden der internationalen Modedesigner, die bekanntlich mit Accessoires ihr Hauptgeschäft machen. Doch auch mit kleinem Geldbeutel können Sie fündig werden: in den kleinen Gemischtwarenläden, den *mercerie,* ebenso wie in den großen Kaufhäusern Coin, La Rinascente oder Upim und manchmal sogar auf den Wühltischen der Wochenmärkte. Alles, was man dort braucht, ist ein bisschen mehr Zeit.

KULINARISCHES

Jedes Gebiet, ja nahezu jeder Ort in der Toskana hat seine eigene kulinarische Spezialität: Kastanienmehl aus der Garfagnana, in Marmorwannen gereifter *lardo* (gewürzter fetter Speck) aus Colonnata in den Apuanischen Alpen, Pecorino aus Pienza, Pralinen aus Monsummano Terme ... Für Italiener sind sie von jeher die besten Reisemitbringsel. Darum muss man selbst im abgelegensten Winkel nicht lange nach einem Delikatessenladen oder einer landwirtschaftlichen Genossenschaft suchen, wo die lukullischen Souvenirs hergestellt oder verkauft werden. Selbst große Supermarktketten wie Coop haben eine Abteilung mit Spezialitäten aus der Region. Regelrecht ein Renner sind die Bauernmärkte der Vermarktungsinitiative Campagna Amica an den Wochenenden. Dort bieten Gemüsebauern, Schäfer und Tierzüchter aus der Umgebung ihre Erzeugnisse an. Wein aus der Region bekommen Sie in einer *enoteca* und in kleinen Verkaufsstellen für *vino sfuso,* also für noch nicht in Flaschen abgefüllten Wein, und natürlich direkt beim Erzeuger. Leider übersteht dieser offene Wein die Fahrt über die Alpen meist nicht ohne Schaden.

Im Reich der schönen Dinge: Glück ist (auch) käuflich – auf dem Bauernmarkt oder in der *enoteca,* im Kaufhaus oder im Outletcenter

KUNSTHANDWERK

Arte und *arti,* Kunst und Handwerkszünfte: Die italienische Sprache verrät, dass es sich hier um zwei Seiten der gleichen Medaille handelt. Seit Jahrhunderten ist die Region für die kunstfertige Verarbeitung von Leder, Papier, Terrakotta, Gold, Marmor und Stroh weltberühmt. Das alte Wissen wurde von Generation zu Generation weitergegeben. Neben dem traditionellen Kunsthandwerk – etwa das Vergolden von Bilderrahmen, die Herstellung von Steinmosaiken und das Bemalen selbst gebrannter Keramik – hat sich auch eine zeitgemäße Handwerkskunst entwickelt, die Tradition mit Zeitgeist verbindet. *Botteghe* heißen die kleinen Ladenwerkstätten, in denen die toskanischen Meister noch heute ihre Kreationen herstellen. Wer sich die Zeit nimmt und ihnen dabei zusieht, mit welcher Sorgfalt und Könnerschaft sie ihr Material bearbeiten, versteht: Qualität hat ihren Preis.

MODE & MÄRKTE

Lange hatte Mailand Florenz als Modehauptstadt verdrängt. Dabei waren es gerade toskanische Labels wie Gucci, Pucci, Ferragamo und Prada, die den italienischen Chic groß gemacht haben. Jetzt holt die Arnostadt auf – die toskanische Kreativität sprudelt wieder. Überall fertigen junge Stylisten in Schneiderateliers eigene Modelle in kleiner Auflage mit der Hand an. Somit sind die Modemeilen der toskanischen Innenstädte immer auf dem neuesten Stand – und deutschen Städten mindestens eine Saisonlänge voraus. Wer sich die Alta Moda nicht leisten kann, braucht trotzdem nicht zu verzweifeln. Es reicht etwas Geduld: Spätestens zu Saisonende landen ihre Kreationen als Auslaufmodelle auf den Wochenmärkten oder in einem der vielen Outlets. Sie liegen oft in der Nähe von Autobahnausfahrten oder in der Peripherie und sind am Wochenende Pilgerstätten für die ganze Familie.

FLORENZ & DER NORDEN

Das in seiner Vergangenheit verwurzel-te Florenz, das kaufmännische Prato, das geruhsame Pistoia: So unterschied-lich die drei Provinzen im Nordosten sind, gemeinsam bilden sie die politi-sche und wirtschaftliche Mitte der Tos-kana: reich geworden durch Handel und Handwerk, bekannt durch Kunst, Kultur sowie eine einzigartige Gartenland-schaft.

FLORENZ (FIRENZE)

KARTE IM HINTEREN UMSCHLAG
(146 C6) *(ω J–K8)* **Eine Stadt, die krank macht, warnte in einem Reisebe-**

WOHIN ZUERST?
Vom ● ♨ **Piazzale Michel-angelo (U E6)** lassen sich Schönheit und Harmonie der Stadt auf einen Blick erfassen. Sie erreichen die Aus-sichtsterrasse stressfrei, wenn Sie mit dem Bus (vom Bahnhof mit der Linie 13) hochfahren, da die Innen-stadt für den Privatverkehr gesperrt ist. Ein Treppenweg führt von dort hinunter ins Oltrarno, den Stadtteil auf der linken Arnoseite mit vielen Handwerksbetrieben. Von dort geht es über die berühmte Brücke Ponte Vecchio zum Stadtkern mit Palazzo Vecchio, Dom und Basilica Santa Croce.

Bild: Galleria degli Uffizi in Florenz

Stadtlandschaften als Gesamtkunstwerk: In und um Florenz, Prato und Pistoia sind Schönheit und Lebensqualität zu Hause

richt von 1817 der französische Schriftsteller Stendhal, der hier vor lauter Kunst erschöpft zusammengebrochen war. Eine Florentiner Psychologin wies dieses „Stendhal-Syndrom" auch im 20. Jh. bei Dutzenden Florenzbesuchern nach.

Und in der Tat: Nirgendwo sonst ist auf so engem Raum derart viel Kunst versammelt wie in Florenz (377 000 Ew.), wo im 14. Jh. mit der Renaissance die Neuzeit in Philosophie, Kunst und Architektur begann.

Gleichzeitig ist dieses Museum unter freiem Himmel jedoch eine lebendige Kaufmanns- und Handwerkerstadt. Tagsüber klopft, hämmert und sägt es rechts und links vom Arno in den Werkstätten. Und auch abends swingt die Stadt, wenn Bars und Restaurants ihre Tische vor die Tür stellen und Amüsierwillige von einem Lokal zum nächsten ziehen.

Ausführliche Informationen finden Sie im MARCO POLO „Florenz", der vorliegende Reiseführer muss sich auf das Allerwichtigste beschränken.

Brunelleschis mächtige Domkuppel prägt die Silhouette von Florenz

SEHENSWERTES

DOM, BAPTISTERIUM UND CAMPANILE (U C3)

Die achteckige Taufkapelle *Battistero di San Giovanni (Mo–Sa 11.15–18.30, So und 1. Sa 8.30–13.30 Uhr)* mit byzantinischem Deckenmosaik und einzigartigen Bronzeportalen wurde 1059 geweiht. 1296 beschlossen die Bürger, daneben die *Cattedrale di Santa Maria del Fiore (Mo–Mi und Fr 10–17, Sa 10–16.45, So 13.30–16.45 Uhr, Do 10–16.30, Mai und Okt. 10–16, Juli–Sept. 10–17 Uhr | Eintritt frei)* zu bauen. Erst knapp 150 Jahre später gelang es Baumeister Filippo Brunelleschi, das achteckige Loch zum Himmel mit einer sich selbst tragenden ★ ☀ *Kuppel (Mo–Fr 8.30–18.20, Sa 8.30–17 Uhr)* von 40 m Durchmesser zu schließen. Da war der ☀ Glockenturm *(Campanile | tgl. 8.30–19.30 Uhr)* von Giotto längst fertig. Auf der Rückseite des grün-weiß-roten Marmorgebirges finden Sie das Ende 2015 wieder eröffnete *Dommuseum (Öffnungszeiten bei Redaktionsschluss noch nicht festgelegt)* mit den Schätzen aus den drei Sakralbauten. *Sammelticket für alle Monumente 10 Euro (auch online erhältlich) | www.ilgrandemuseodelduomo.it*

GALLERIA DELL'ACCADEMIA (U D2)

Das lockige Haupt mit Efeu bekränzt, den muskulösen Körper in Siegerpose leicht nach links gedreht: Hier steht der Star der Kunstgeschichte, der David von Michelangelo (die viel fotografierte Skulptur auf der Piazza della Signoria ist nur eine Kopie). Doch es gibt noch viele weitere hochkarätige Kunstwerke. Kartenreservierung empfehlenswert *(4 Euro | Tel. 0 55 29 48 83). Di–So 8.15–18.50 Uhr | 8 Euro | Via Ricasoli 60 | www.polomuseale.firenze.it*

GALLERIA DEGLI UFFIZI ⭐ (U C4)

Das u-förmige Gebäude für die Ämter der Stadtrepublik Florenz, die Uffizien, gab Cosimo I. de' Medici 1560 bei Giorgio Vasari in Auftrag. Seine Nachfolger richteten im Obergeschoss eine Kunstgalerie ein, die ständig vergrößert wurde. Heute füllt das überbordende Kunsterbe der Medici, darunter Sandro Botticellis Frühlingsallegorie, Leonardo da Vincis Verkündigung und Filippo Lippis Mariendarstellungen, 45 Räume. Eine Kartenreservierung ist empfehlenswert *(4 Euro | Tel. 0 55 29 48 83). Di–So 8.15–18.50 Uhr | 8 Euro | Piazzale degli Uffizi 6 | www.uffizi.firenze.it*

MUSEO NAZIONALE DEL BARGELLO ⭐ (U D4)

Den ältesten Florentiner Kommunalpalast errichteten die freien Bürger der Republik Florenz 1255 für den *podestà,* den Stadtvogt. Heute beherbergt der festungsähnliche Bau eine große Sammlung von Renaissanceskulpturen. *Tgl. 8.15–13.50 Uhr, 1./3./5. So, 2./4. Mo geschl. | 4 Euro | Via del Proconsolo 4 | www.polomuseale.firenze.it*

⭐ **Galleria degli Uffizi in Florenz**
Sozusagen eine Hall of Fame italienischer Malerei → S. 35

⭐ **Domkuppel in Florenz**
Architektonisches Wunderwerk von Filippo Brunelleschi → S. 34

⭐ **Montecatini Terme**
Nostalgischer Art-nouveau-Charme in dem Kurbadeort → S. 46

⭐ **Dom Santo Stefano in Prato**
Ein Meisterwerk toskanischer Kunstfertigkeit → S. 49

⭐ **Museo Nazionale del Bargello in Florenz**
In dem Palazzo mit wechselhafter Geschichte können Sie heute eine herausragende Skulpturensammlung bewundern → S. 35

⭐ **Palazzo Pitti in Florenz**
Prunk und Kunst in der Medici-Residenz → S. 36

⭐ **Medici-Villen**
Hier präsentiert sich Herrschaft anders als im Mittelalter erstmals festlich und heiter → S. 42

⭐ **Dom San Zeno in Pistoia**
Der Beweis, dass die Stadt den Vergleich mit Florenz nicht zu scheuen braucht → S. 44

⭐ **San Miniato**
Wegen seiner strategisch günstigen Lage war der wehrhafte Ort stets heiß umkämpft → S. 47

⭐ **Santa Croce in Florenz**
Jedes Detail in dieser Klosterkirche ist eine Entdeckung → S. 37

MARCO POLO HIGHLIGHTS

INSIDER TIPP MUSEO DEGLI INNOCENTI (U D3)

Wickelkinder auf den Della-Robbia-Terrakottamedaillons an der Außenfassade verraten die Bestimmung des Gebäudes: Im ältesten Findelhaus Italiens, heute Museum, konnten ab 1445 Kinder in der Babyklappe abgegeben werden. Der Bau von Filippo Brunelleschi gilt als wegweisend für den horizontalen Baustil der Renaissance. Die Wiedereröffnung nach Umbau war für Anfang 2016 geplant. *Öffnungszeiten und Eintritt bei Redaktionsschluss noch offen | Piazza della Santissima Annunziata 12 | www.istitutodeglinnocenti.it*

MUSEO NOVECENTO (U B3)

Seit 2014 haben rund 300 Werke toskanischer Künstler des 20. Jhs. – Skulpturen, Gemälde, Installationen und mehr – hier endlich eine Heimat. *Sa–Mi 10–18 (April–Sept. bis 21), Do 10–14, Fr 10–21 (April–Sept. bis 23) Uhr | 8,50 Euro | Piazza Santa Maria Novella 10 | www.museonovecento.it*

PALAZZO PITTI UND GIARDINO DI BOBOLI (U B5–6)

Kaufmann Luca Pitti wollte im 15. Jh. auf der linken Flussseite den größten Palast der Stadt errichten. Er ging pleite und musste ihn seinen ärgsten Feinden, den Medici, überlassen, die den ⭐ *Palazzo Pitti* zur heutigen Größe ausbauten. Der Platz reicht für sechs Museen, darunter die Gemäldegalerie *Galleria Palatina (Di–So 8.15–18.50 Uhr | 8,50 Euro | Piazza Pitti 1).* Der *Boboligarten (April/Mai und Sept./Okt. tgl. 8.15–18.30, Juni–Aug. 8.15–19.30, Nov.–März 8.15–16.30 Uhr, 1. und letzter Mo geschl. | 7 Euro)* dahinter mit Nutzbeeten, Ziergärten, feuchtkühlen Grotten und lauschigen Laubengängen wurde 1550 angelegt. Die Eintrittskarte für alle Museen kostet 11,50 Euro und ist drei Tage gültig.

PALAZZO VECCHIO (U C4)

Seit 700 Jahren ist der Palast an der Piazza della Signoria Mittelpunkt der weltlichen Macht in Florenz. Im Mittelalter beherbergte der burgähnliche Bau die gewählten Vertreter der republikanischen Stadtregierung; 1540 machte Cosimo I. de' Medici ihn zur Fürstenresidenz, seit 1872 ist er Sitz des Stadtrats. Durch den reich dekorierten *Cortile Michelozzo* gelangen Sie zum riesigen, mit Fresken ausgemalten Prachtsaal der Fünfhundert *(Salone dei Cinquecento)* und zu den Privatgemächern der Eleonora di Toledo im ersten Stock. *Fr–Mi 9–19, April–Sept. bis 24, Do 9–14 Uhr | 10 Euro, Turm zusätzlich 10 Euro, Kombiticket 14 Euro | museicivicifiorentini.comune.fi.it*

PONTE VECCHIO ☕ (U C4–5)

Rechts und links der dreibogigen Arnobrücke mit den pastellfarbenen Anbauten entfaltete sich im Mittelalter der Handel. Über den Ladenlokalen verläuft der *Vasarikorridor,* durch den die Medici ungesehen von den Büroräumen zum Palazzo Pitti gelangten.

SAN LORENZO UND CAPPELLE MEDICEE (U C3)

Die Bronzekanzeln und Skulpturen von Donatello sind einer von vielen Gründen, warum die Grabkirche der Medici, die *Basilica di San Lorenzo (Mo–Sa 10–17, So 13.30–17.30 Uhr | 4,50 Euro | Piazza di San Lorenzo),* zu den prächtigsten Sakralbauten der Stadt zählt. Baumeister Filippo Brunelleschi schuf hier mit der Alten Sakristei zudem ein Kleinod der Renaissancearchitektur. Gewissermaßen durch die Hintertür an der Piazza Madonna degli Aldobrandini gelangen Besucher in die prunkvoll mit Marmormosaik ausgekleideten *Cappelle Medicee (Sommer tgl. 8.15–16.50, Winter 8.15–13.50 Uhr, 1./3./5. Mo und 2./4. So geschl. | 6 Euro | www.*

polomuseale.firenze.it) mit den prächtigen Fürstengräbern. Ihre Skulpturen sowie die dahinter liegende Neue Sakristei stammen von Michelangelo.

SAN MINIATO AL MONTE ☼ (0)

Weithin sichtbar steht die Kirche samt Friedhof *Cimitero delle Porte Sante* auf einem Hügel südlich des Arno. Das Innere ist ein Kleinod romanischer Baukunst mit Freskenmalerei und Marmorintarsien am Fußboden. *Tgl. 8–13 und 15.30–19 Uhr, im Sommer durchgehend und bis Sonnenuntergang | Via Monte alle Croci*

SANTA CROCE ⭐ (U D4)

Die riesige Hallenkirche gaben 1295 Franziskaner in Auftrag. Zudem beauftragten sie Künstler, die Vita des Ordensgründers und das Evangelium für die Gläubigen auf die Wände zu malen. Unter den Malern war der Wegbereiter der Renaissance Giotto. Er verwendete für seine Fresken nicht Gold, sondern Blau und anders als in der byzantinischen Kunst erhielten seine Gestalten körperliche Rundungen, lachten und weinten. Es war ein erster Schritt hin zu einer Kunst, die sich an der Natur orientierte. *Mo–Sa 9.30–17.30, So 14–17.30 Uhr | 6 Euro |*

Piazza di Santa Croce 16 | www.santa croceopera.it

ESSEN & TRINKEN

TRATTORIA LA CASALINGA (U B5)

Der Name verrät es: Hier gibt es typisch toskanische Hausmannskost – Kutteln, Brotsuppe, gekochtes Fleisch – zu moderaten Preisen. Das hat sich herumgesprochen – abends muss man schon mal warten, bis ein Tisch frei wird. *So geschl. | Via dei Michelozzi 9r | Tel. 0 55 21 86 24 | www.trattorialacasalinga.it | €€*

TRATTORIA IL CONTADINO (U A3)

Mittags ist es schwierig, in dieser einfachen Trattoria mit Festpreismenü einen Platz zu bekommen. Am Abend überlässt das Stammpublikum den Touristen das Feld. *Sa/So geschl. | Via Palazzuolo 69–71r | Tel. 05 52 38 26 73 | www.trattoria ilcontadino.com | €–€€*

ROCCO E I SUOI FRATELLI (0)

Eine einfache Trattoria mit Sommergarten, in der Sie eine vorzügliche Pizza zu guten Preisen bekommen. *Di geschl. | Piazza Ravenna 10 | Tel. 0 55 68 58 02 | €*

Prunk und Pracht im Palazzo Vecchio: Cortile Michelozzo

Ferragamo, Prada, Gucci & Co. finden Sie in der Via Tornabuoni und Nebenstraßen

LO SCHIACCIAVINO (U D4)

Vale und Leo haben sich in ihrer *panino-teca* auf den Hefefladen *schiacciata* (sprich „skjatschata") spezialisiert, belegt mit toskanischen Wurst- und Käsespezialitäten. *Mo-Abend, im Aug. auch So geschl. | Via Verdi 6r | Tel. 05 52 26 01 33 | www.facebook.com/schiacciavino | €*

EINKAUFEN

FIERUCOLA ☘ (U B5)

Am dritten Sonntag im Monat versorgen die Florentiner sich auf diesem Bauernmarkt mit (Bio-)Produkten aus der Umgebung. *9–19 Uhr | Piazza Santo Spirito | www.lafierucola.org*

MODE

Testimonials für toskanische Eleganz sind die Modemacher Gucci, Ferragamo, Cavalli, Pucci, Patrizia Pepe und Prada mit ihren Edelboutiquen in der *Via Tornabuo-ni, Via della Vigna Nuova* und *Via Roma* (U B–C 3–4). Die Viertel Santa Croce und Santo Spirito sind die Domäne kleinerer Labels und Läden wie *Mimi Furaha* (U D4) *(Borgo degli Albizi 35r | www.mimifuraha.it)* oder *Flo Concept Store* (U B4) *(Lungarno Corsini 30–34r | www.flo-firenze.org).*

SIMONE TADDEI (U C4)

Seine kalbsledernen Fotorahmen und Zigarrenetuis sehen nach 30 Arbeitsschritten aus wie aus Holz gemacht. *Via Santa Margherita 11*

INSIDER TIPP ▸ UNUSUALFLORENCE

Hinter dem Begriff verbergen sich 17 Shops, Ateliers und Lokale, die sich mit einem Mix aus hippen Accessoires und Retrophilosophie als Vertreter der neuen Bescheidenheit outen. Adressen unter *un usualflorence.blogspot.com.*

VESTRI (U D4)

Der Schokoladenkönig von Florenz. *Borgo degli Albizi 11r | www.vestri.it*

FREIZEIT & SPORT

Auch Florenz hat von Mitte Juni bis Ende September seinen Stadtstrand, die *Spiaggia sull'Arno* am *Lungarno Serristori* (U D5) – allerdings nur zum Sonnenbaden. Der Name ist Programm bei *Florence by Bike* (U C2) *(Via San Zanobi 54 r | Tel. 0 55 48 89 92 | www.florencebybike.it).* Ein Sommervergnügen besonderer Art ist eine INSIDER TIPP ▸ Arnofahrt mit dem Kahn der *Renaioli (12 Euro/Std. | Anmeldung erforderlich unter Tel. 34 77 98 25 66 | www.renaioli.it).* Die größte Wellness- und Sportanlage Italiens ist ● *Hidron Fun Sport* (138 B5) *(*⌖ *J7) (Via di Gramignano | Campi Bisenzio | www.hidron.it)* vor den Toren der Stadt.

AM ABEND

CAFFETTERIA DELLE OBLATE (U D4)

Lesen, im Internet surfen und dazu seinen Aperitif schlürfen – das alles mit Blick auf den Dom. *Mo 14–19, Di–Sa 9–24 Uhr | Via dell'Oriuolo 26 | www.lospaziochesperavi.it*

LE MURATE (U E4)

Literaturcafé, Ausstellungsraum, Pizzeria, Buchladen, Konzertbühne: Mit dem wunderschön restaurierten ehemaligen Frauengefängnis hat Florenz endlich einen öffentlichen Raum für zeitgenössische Kultur. *Tgl. | Piazza Madonna della Neve | www.lemurate.comune.fi.it*

NEGRONI FLORENCE BAR (U D5)

Die Getränke etwas teurer, dafür ein kostenloses Aperitifbuffet von 19 bis 22 Uhr: Diese Formel funktioniert derart gut, dass sich ständig neue Bars dem Trend anschließen. *Tgl. | Via dei Renai 17r | www.negronibar.com*

PLAZ FLORENCE (U E4)

Ein Fulltimelokal mit Urban Food, Außenterrasse und am Wochenende Livemusik. *Tgl. | Via Pietrapiana 36–38r | www.plaz.eu*

CAFFÈ SANT'AMBROGIO (U E4)

Jeden Abend stehen die Gäste bis draußen auf den Platz. *Tgl. | Piazza Sant'Ambrogio 7 | www.caffesantambrogio.it*

ÜBERNACHTEN

HOTEL CASCI (U C3)

Seit der Domplatz für den Verkehr gesperrt ist, hat das einfache Hotel enorm an Wohnqualität gewonnen. *24 Zi. | Via Cavour 13 | Tel. 05 52116 86 | www.hotelcasci.com | €€*

CASA HOWARD (U B3)

Hippe Gastlichkeit verspricht diese Stadtpension u. a. mit einem Zimmer mit Spielecke für Reisende mit Kindern oder einem mit Terrasse für Hundebesitzer. *13*

Joggen oder chillen? Das Arnoufer lockt Sportler wie Flaneure

Was für eine Kulisse: das Halbrund des römischen Theaters in Fiesole

Zi. | Via della Scala 18 | Tel. 06 69 92 45 55 | www.casahoward.com | €€€

VILLA SESTINI 🌿 (0)
Behagliches B & B in einer Familienvilla mit herrlichem Blick von den südlichen Hügeln auf die Stadt. *2 Zi., 3 Apartments | Via di Vernalese 21 | Bagno a Ripoli | Tel. 0 55 63 09 51 | www.villasestini. com | €*

AUSKUNFT
(U B3) *Piazza della Stazione 5 | Tel. 0 55 21 22 45;* (U C3) *Via Cavour 1r | Tel. 0 55 29 08 32 | www.firenzeturismo.it*

ZIELE IN DER UMGEBUNG

CERTALDO (150 B3) (𝑚 H9)
Schnurgerade führt die ziegelstein-gepflasterte Hauptstraße der mittel-alterlichen Oberstadt des Städtchens (16 000 Ew.) 45 km südwestlich im Elsa-tal vom Stadttor Porta al Sole zum *Palaz-*

zo Pretorio, wo die Wappen auf der Fassade verraten, wer hier alles das Sagen hatte. Dazwischen liegen der *Palazzo Strozzi Ridolfi* mit stimmungsvollem Renaissanceeinnenhof und die *Casa Boccaccio,* in der der Dichter Giovanni Boccaccio, der im 14. Jh. mit dem Sittenroman „Il Decamerone" Furore machte, die letzten Jahre seines Lebens verbrachte. Die Oberstadt erreichen Sie am bequemsten mit der Seilbahn *(funicolare)* von der unten gelegenen Piazza Boccaccio aus.
Im Juli wird die Altstadt zur Bühne für das mehrtägige **INSIDER TIPP** *Gauklerfest Mercantia.* In der Unterstadt überzeugt die *Osteria La Saletta (Di geschl. | Via Roma 4 | Tel. 05 71 66 81 88 | €€)* mit traditioneller Küche und großartigen Süß-speisen. Komfortable 🌿 Zimmer mit Aussicht bis nach San Gimignano und ein Swimmingpool sprechen für das außerhalb gelegene *Hotel Villa Tavolese (30 Zi. | Via Marcialla 221 | Ortsteil Marcialla | Tel. 05 71 66 02 24 | www.tavolese.com | €).*

FIESOLE (146 C5) (ᗕ *K7*)

Die Stadt (14 500 Ew.) in den Hügeln von Florenz, die Sie bequem mit der Buslinie 7 erreichen, war nicht immer nur Villenvorort für betuchte Florentiner. Lange bevor Florenz Oberwasser bekam, florierte hier bereits die Etruskersiedlung Faesulae. Von der zentralen Piazza Mino da Fiesole gelangen Sie über einen steilen Weg hinauf zum ☆ *Kloster San Francesco* von 1399, in dem ein kurioses *Missionsmuseum (tgl. 9–12 und 15–18 Uhr | Eintritt frei)* eingerichtet ist. Hinunter geht es durch den Klostergarten direkt zum *Dom San Romolo* aus dem 11. Jh. An seiner Rückseite finden Sie das *Museo Bandini (Fr–So 10–19, Winter 10–17 Uhr | 10 Euro | Via Giovanni Duprè 1)* für Kirchenkunst und Terrakotten, eins der verborgenen Schatzkästchen der Toskana. Die Eintrittskarte gilt auch für den *Archäologischen Park (Mi–Mo 10–19, Winter 10–17 Uhr | Via Portigiani 1)* gegenüber, mit römischem Theater, Thermen und Tempel. Vor dem Drehkreuz ist der Eingang zum *Caffè del Teatro Romano (Sommer tgl. 9–19 Uhr, im Sommer bei Abendveranstaltungen länger).* Auf dessen Außenterrasse können Sie vor herrlicher Kulisse Pasta essen oder einfach nur einen Cappuccino trinken.

Dass im feinen Fiesole toskanische Gastfreundschaft nicht teuer sein muss, beweist das zentral gelegene, freundliche Hotel *Villa Sorriso (7 Zi. | Via Antonio Gramsci 21 | Tel. 05 55 90 27 | €).* Wer nicht über Nacht bleiben will: In nur einer Stunde laufen Sie über die ● *Via Vecchia Fiesolana,* die beim Priesterseminar beginnt, nach Florenz zurück. Zwischen den Steinmauern scheint die Zeit stehen geblieben.

IMPRUNETA (150 C2) (ᗕ *J8*)

Alles Terrakotta oder was? Selbst Briefkästen sind in dem 15 km südlich von Florenz gelegenen Städtchen (15 000 Ew.) aus gebranntem Ton. Bereits Dombaumeister Filippo Brunelleschi versorgte sich hier mit Ziegeln für die Florentiner Kuppel. Sie können heute Tonkünstlern beim Drehen und Brennen über die Schulter blicken, darunter *Mario Mariani (Via Cappello 29),* der nach traditionellen Methoden arbeitet. Behaglichkeit, Ruhe und ein herrlicher Garten erwarten Sie im *Borgo de' Ricci (7 Apartments | Via Imprunetana per Pozzolatico 218 | Impruneta | Tel. 0 55 35 20 11 | www.borgodeiricci.com | €€)* mit toskanischem Flair.

LORO CIUFFENNA ☆ (151 F3) (ᗕ *M9*)

Das verschachtelte Dorf (6000 Ew.) liegt im oberen Arnotal gut 50 km südöstlich von Florenz und gehört zum erlesenen Kreis der schönsten Dörfer Italiens. Von kunsthistorischem Interesse sind die römische Bogenbrücke über die Ciuffenna und die älteste Getreidemühle der Gegend schräg darunter.

Durch den Ort führt die landschaftlich hinreißende ☆ *Strada dei Sette Ponti,* die sich auch gut mit dem Rad befahren lässt. Im Mittelalter wurden an ihr einige romanische Landkirchen errichtet. Die schönste, die **INSIDER TIPP**▸ *Pieve San Pietro (tgl. 8–12 und 15–17 Uhr)* aus dem 12. Jh. mit volkstümlichen Motiven, steht im Weiler *Gropina* 2 km südlich.

3 km weiter gibt es in der *Osteria dell'Acquolina (So geschl. | Via Setteponti Levante 26 | Terranuova Bracciolini | Tel. 0 55 97 74 97 | €€)* lokale Gerichte aus jahreszeitlichen Zutaten – Wirt Paolo Tizzanini ist Anhänger der Slow-Food-Idee. 5 km entfernt können Sie im *Borgo Il Borro (San Giustino Valdarno | Tel. 0 55 97 70 53 | www.ilborro.it | €€€)* der Familie Ferragamo zwischen 28 Villen, Häusern und Apartments der Luxusklasse wählen.

MEDICI-VILLEN ⭐

Ein Landsitz mit Lustgarten? Diese Idee gefiel den Medici derart gut, dass sie sich vom 15. bis 17. Jh. gleich mehrere Prachtexemplare bei Florenz errichten ließen, die zum Unesco-Welterbe zählen. Lieblingsvilla war die *Villa Medicea (Mo–Fr 8–18, Sa 9–12 Uhr | Viale Gaetano Pieraccini 17)* in *Careggi* (138 C5) (📖 J7) am Nordrand von Florenz an der Straße zum Monte Morello. Entworfen vom damaligen Stararchitekten Michelozzo, versammelten Cosimo I. und Lorenzo der Prächtige hier Künstler und Philosophen um sich. Bei der *Villa La Petraia (Kernzeit tgl. 8.15–16.30 Uhr, März–Okt. länger, 2./3. Mo geschl. | Eintritt frei | Via di Petraia 40)* in *Castello* (138 C5) (📖 J7) 6 km in Richtung Sesto Fiorentino können Sie den herrlichen Garten im italienischen Stil besichtigen. Das anfangs turmbewehrte, mittelalterliche Kastell wurde 1576 von Bernardo Buontalenti umgestaltet.

17 km westlich von Florenz in *Poggio a Caiano* (138 A5) (📖 H7) steht die wohl schönste der Villen, die 1480 von Lorenzo I. in Auftrag gegebene ● *Villa Medicea (Kernzeit tgl. 8.15–16.30 Uhr, März–Okt. länger, 2./3. Mo geschl. | Eintritt frei | Piazza de' Medici 14)* mit Fresken von Andrea del Sarto, Filippo Lippi, Jacopo da Pontormo. Weiß und symmetrisch, mit geschwungener Seitentreppe und weitläufiger Terrasse, war sie Modell für die an antiken Vorbildern orientierte Villenarchitektur der Renaissance.

MONTELUPO FIORENTINO
(150 B1) (📖 H8)

Die Stadt (13 700 Ew.) 30 km westlich steht gewissermaßen auf tönernen Füßen: Seit jeher bestimmt die Keramikproduktion hier den Alltag. Das ist im *Keramikmuseum (Di–So 9–14, im Winter Di–So 10–19, Mi/Do auch 21–23.30 Uhr | 5 Euro | Piazza Vittorio Veneto 10 | www.museomontelupo.it)* dokumentiert. Im Keramikoutlet *Bitossi (Via Castelucci 10)* finden Sie Restposten der aktuellen Produktion. Stilvoll und komfortabel übernachten Sie im *Country Hotel Borgo Sant'Ippolito (27 Zi. | Via Chiantigiana 268 | Ginestra Fiorentina | Tel. 05 58 71 34 23 | www.borgosantippolito.it | €€)* am Ortsrand, ei-

Die Details an der Fassade der Villa Medicea in Poggio a Caiano lohnen genaues Hinschauen

nem sorgfältig restaurierten Kloster mit Wellnessoase.

SAN CASCIANO IN VAL DI PESA
(150 C2) (🗺 J8–9)

Bekannt ist die Stadt (17 000 Ew.) 20 km südlich an der Schnellstraße nach Siena als Anbaugebiet für Chiantiwein, beliebt aufgrund der herrlichen Umgebung – bei der Fahrt hierher sollten Sie also am besten die Landstraße über Tavarnuzze und Sant'Andrea in Percussina nehmen, die an der Autobahnausfahrt Firenze-Impruneta beginnt. **INSIDER TIPP** Auf einer Vespa ist die Fahrt durch Weinhügel und silbrig schillernde Olivenhaine doppelt reizvoll. Ausflüge organisiert *Florence Town (Via de' Lamberti 1 | Florenz | Tel. 0 55 28 11 03 | www.florencetown.com).* Von der besten Seite zeigt sich die Toskana auch am alten etruskischen Fahrweg, der über Mercatale nach Panzano führt. Dort liegen zahlreiche Güter, die toskanische Weingeschichte geschrieben haben, z. B. die Corsini-*Fattoria Le Corti (Mo geschl. | Tel. 05 58 29 30 26 | www.principe corsini.com)* hinter dem Ortsausgang. Traumhaft ist auch die Strecke von San Casciano über San Pancrazio nach Tavarnelle Val di Pesa. In der kleinen Bar in *Santa Cristina in Salivolpe* bekommen Sie göttlichen Schafskäse der nahen *Fattoria Corzano e Paterno (Via Paterno 10 | Tel. 05 58 24 81 79 | www.corzanoepaterno. com).* Die Schweizer Edelschäfer vermieten auch komfortable fünf Apartments und drei Ferienhäuser (€€–€€€).

VALDARNO (151 E–F 2–4) (🗺 L8–10)

„Ab und zu kehrt der Arno nach Hause zurück", warnt eine Redensart die Bewohner des fruchtbaren Arnotals zwischen Florenz und Arezzo. Wenn es regnet, nimmt der Fluss alles Wasser aus den Bergen auf und wird zum reißenden Strom. Etrusker und Römer hielten sich an die Warnung, bauten Siedlungen und Straßen in die Hügel. Ihre Via Cassia Vetus, die heutige Strada dei Sette Ponti, windet sich noch heute durch eine intakte Bilderbuchlandschaft mit Weinbergen, Olivenhainen, romanischen Kirchen und mittelalterlichen Dörfern. Hier liegt in *Reggello* die *Villa Rigacci (28 Zi. | Via Alessandro Manzoni 76 | Ortsteil Vaggio | Tel. 05 58 65 67 18 | www.villarigacci.it | €€),* wo Sie sich in behaglicher Atmosphäre entspannen können.

Im Mittelalter errichtete Florenz seine strategischen Vorposten in den Flussauen. Daraus entwickelten sich florierende Städte wie *Montevarchi* und *Figline,* die jedoch zerstörerische Überschwemmungen erleiden mussten. In ihrer Nähe stehen heute die Kathedralen der Neuzeit, die Outlets. *The Mall (tgl. 10–19 Uhr | Via Europa 8 | www.themall.it)* in *Leccio* versammelt große Modenamen unter einem Dach. Prada-Fans können zweimal zuschlagen: nebenan in der *Via Europa 2–4 (tgl. 10–19 Uhr)* und 30 km weiter südlich hinter Montevarchi an der SS 69 im *Ortsteil Levanella (So–Fr 10.30–19.30, Sa 9.30–19.30 Uhr).*

VALLOMBROSA 🌿 (151 F1) (🗺 L8)

Giovanni Gualberto gründete 1020 in einem schattigen Tal 40 km östlich von Florenz auf 1000 m Höhe eine Einsiedelei. Elf Jahre später rief er den Orden der Vallombrosaner ins Leben und begann mit dem Bau der Abtei, heute eine festungsartige Klosteranlage. In der *Klosterapotheke (tgl. 10–12 und 15–17 Uhr)* bekommen Sie selbst gemachte Elixiere der Mönche. Der eigentliche Star hier oben ist der **INSIDER TIPP** große alte Wald. Am Weg liegt in *Donnini* die *Fattoria Montalbano (Via Montalbano 112 | Tel. 05 58 65 21 58 | www.montalbano.it | €–€€)* mit acht freundlichen Ferienwohnungen und umfangreichem Aktivangebot.

Der Campanile des Doms wurde zu Pistoias Wahrzeichen

PISTOIA

(145 F4) (⚲ G–H6) Ausgedehnte Wälder und hinreißende Täler voller architektonischer Zeugnisse aus einer jahrhundertealten Geschichte: So präsentiert sich das Hinterland der Provinzhauptstadt Pistoia an den südlichen Ausläufern des Tosco-Emilianischen Apennins.

In der Vergangenheit lebten die Menschen vor allem von der Eisenerzverarbeitung. Heute setzt man auf Möbel und Textil. Die Stadt selber (92 000 Ew.), eine

Gründung der Römer an der Via Cassia, stand nach kurzer Blütezeit im 12. Jh. lange im Schatten der mächtigen Nachbarn Pisa, Lucca und Florenz. Fast die gesamte Innenstadt rund um den weitläufigen Domplatz und den schönen Marktplatz della Sala ist Fußgängerzone. Der Stadtbummel ist pures Vergnügen, nicht zuletzt, weil die kleinen, historischen Fachgeschäfte noch nicht von den überall gleichen Filialen bekannter Modelabels verdrängt wurden.

SEHENSWERTES

DOM SAN ZENO ⭐
Eine der ältesten Kirchen (12. Jh.) der Toskana im romanisch-pisanischen Stil. Besonders kostbar ist der Silberaltar (1287–1456) in der Sankt-Jakobs-Kapelle. An den 628 Relieffiguren haben Generationen von Silberschmieden gearbeitet. Der klobige Campanile (67 m) kann seine anfängliche Bestimmung als Wachturm nicht verleugnen. *Tgl. 8–12.30 und 16–19 Uhr | Altarraum 2 Euro | Piazza del Duomo*

MUSEO MARINO MARINI
Seine immer wiederkehrenden Motive – Pferde, Tänzerinnen, Akrobaten – haben den modernen Bildhauer (1901–1980) aus Pistoia berühmt gemacht. *Mo–Sa 10–18, Winter 10–17 Uhr | 3,50 Euro | Corso Silvano Fedi 30 | www.fondazione marinomarini.it*

OSPEDALE DEL CEPPO
Das Hospital entstand im späten 13. Jh. nach dem Vorbild von Filippo Brunelleschis Findelhaus in Florenz. Ein echtes Juwel ist das Majolikafries von 1514 am Portikus aus der Werkstatt der Della Robbia mit Szenen der Barmherzigkeit und Personifikationen der Tugenden. *Via Matteotti 9*

PIEVE DI SANT'ANDREA

Hinter der zweifarbigen Fassade der romanischen Kirche finden Sie das berühmteste Kunstwerk der Stadt, die erste Marmorkanzel von Giovanni Pisano aus dem Jahr 1301. *Tgl. 8.30–12.30 und 15–18 Uhr | Via Sant'Andrea 21*

ESSEN & TRINKEN

TRATTORIA DELL'ABBONDANZA

Einheimische schwören auf lokale Spezialitäten wie Gemüsesuppen oder den *fritto misto* aus Huhn und Kaninchen. *Do–Mittag und Mi geschl. | Via dell'Abbondanza 14 | Tel. 05 73 36 80 37 | €€*

OSTERIA LA BOTTE GAIA

Schon die Terrasse mit Domblick ist ein guter Grund herzukommen. Aber auch die eigenwilligen Interpretationen toskanischer Gerichte überzeugen. *Mo geschl. | Via del Lastrone 17 | Tel. 05 73 36 56 02 | www.labottegaia.it | €€–€€€*

I SALAIOLI

Frühstück (ab 6.30 Uhr!), Lunch und Dinner aus lokalen Produkten mit Blick auf den schönsten Platz der Stadt. *Tgl. | Piazza della Sala 20–22 | Tel. 0 57 32 02 25 | www.isalaioli.it | €€*

EINKAUFEN

LA DOLCE PEONIA ⊘

Zuckerbäckerin Emanulea Regi experimentiert in ihrer Backstube mit biologischen Zutaten. Die Mais-Heidelbeer-Kekse sind ein Gedicht! *Viale Petrocchi 122*

AM ABEND

CAFFETTERIA MUSEO MARINI

Das auf Retro getrimmte Museumscafé ist ein beliebter Treffpunkt für den Aperitif. *So geschl. | Corso Silvano Fedi 32*

ÜBERNACHTEN

HOTEL PATRIA

Hübsches Dreisternehotel, ruhig, preiswert und zentral gelegen. *27 Zi. | Via Crispi 8/12 | Tel. 05 73 35 88 00 | www.patriahotel.com | €*

VILLA DE' FIORI

In dem Landhotel vor den Stadttoren hat man das Gefühl, liebe Verwandte zu besuchen. Gute Küche und Massagen runden das Wohlfühlerlebnis ab. *11 Zi., 2 Apartments | Via di Bigiano e Castel Bovani 39 | Tel. 05 73 45 03 51 | www.villadefiori.it | €€€*

AUSKUNFT

Piazza Duomo 4 | Tel. 0 57 32 16 22 | www.turismo.pistoia.it

ZIELE IN DER UMGEBUNG

INSIDER TIPP ABETONE

(145 D2) (ω F5)

Für viele eine echte Überraschung: Die Toskana hat im Apennin ein beachtliches Skigebiet, bis zu 1900 m hoch, verteilt auf vier majestätische Täler, mit modernen Anlagen und 50 km gut ausgebauten Pisten unterschiedlichen Schwierigkeitsgrads *(www.abetone.it)*. Selbst auf Hüttenzauber und Après-Ski, zum Beispiel in der Diskobar *Lupo Bianco (Sommer Fr–Mi 7–20, Winter tgl. 7–24 Uhr | Piazza Abetone),* brauchen Sie nicht zu verzichten. Zentrum ist das hoch gelegene Dorf *Abetone* 45 km nördlich rund um eine große Piazza mit zwei Steinpyramiden. Im Sommer kommen Wanderfreunde für Touren in die abwechslungsreiche Bergwelt. Eine einfache, gemütliche Unterkunft ist das Familienhotel *Primula (16 Zi. | Via Brennero 195 | Tel. 0 57 36 01 08 | www.hotelprimula.com | €).*

INSIDER TIPP ▶ FATTORIA LE CELLE ●

(146 A4) (*🗺 H6*)

Der Eigentümer Giuliano Gori lädt seit 1982 hochkarätige Künstler zu sich ein, damit sie vor Ort Kunst produzieren. Mittlerweile stehen in dem Landschaftsgarten 8 km östlich von Pistoia in Santomato über 60 Skulpturen und Installationen. Gratisbesichtigung im Sommer nach Anmeldung möglich. *Via Montalese 7 | Tel. 05 73 47 94 86 | www.goricoll.it*

MONTAGNA PISTOIESE

(145 E–F3) (*🗺 G6*)

Einsame Seen, wilde Sturzbäche und befestigte Steindörfer locken Naturfreunde in die ausgedehnten Buchen- und Kastanienwälder der Pistoieser Berge. Kulturwanderer führen thematische Routen zu den versteckten Zeugnissen der Vergangenheit. Informationen beim auf zahlreiche Standorte verteilten *Ecomuseo della Montagna Pistoiese (Tel. 0 57 39 74 61 | www.provincia.pistoia.it/ecomuseo).* Eine passende Unterkunft ist der rustikal eingerichtete *Agriturismo Il Gufo (4 Apartments | Via Porta Viti 34 | Tel. 34 /0 59 91 59 | www.gufotuscany.com | €–€€)* bei *San Marcello Pistoiese,* ideal für Tagesausflüge. Wer lieber faulenzt, kann die überwältigende Berglandschaft vom Rand des Pools genießen.

MONTECATINI TERME ★

(145 E4) (*🗺 G7*)

Eine Mixtur aus Mineralien, die im Lauf von Jahrmillionen mit Alkali- und Sulfatsalzen angereichert wurde: Das ist das Geheimnis des Heilwassers, mit dem bereits die Römer Leberleiden und Rheuma kurierten. Später nippten Giuseppe Verdi, der Schah von Persien und Gary Cooper am warmen Wasser. Großherzog Pietro Leopoldo I. hat Ende des 18. Jhs. dafür gesorgt, dass aus der Heilquelle ein nobles Heilbad wurde. Er ließ u. a. die klassi-

zistischen *Terme Leopoldine* und das glanzvolle ● *Stabilimento Tettuccio* bauen, mit prachtvollem Säulenportikus und marmornen Zapftheken.

Ansonsten wird das Stadtbild des Kurorts (20 000 Ew.) gut 15 km westlich von Pistoia von Art-nouveau-Architektur bestimmt. Nordöstlich des Kurparks fährt eine rote Standseilbahn zum denkmalgeschützten Stadtteil Montecatini Alto hinauf. Wer sich etwas gönnen möchte, ist im *Grand Hotel & La Pace (130 Zi. | Via della Torretta 1 | Tel. 05 72 92 40 | www.grandhotellapace.it | €€€),* dem traditionsreichsten Kurhotel der Stadt, in erfahrenen Händen.

Die Gegend um Montecatini ist ein beliebtes Ziel für Gourmets, nicht zuletzt, weil im Nachbarort *Monsummano Terme* ein ● **INSIDER TIPP** Weltmeister im Schokolademachen am Werk ist *(Slitti | Via Francesca Sud 1268 | www.slitti.it)* und weil, noch ein Stück weiter südöstlich in *Lamporecchio,* Andreas März, der Herausgeber der Weinzeitschrift Merum, auf seinem biologisch geführten Gut ● 🌿 *Balduccio (Via Greppiano 31 | www.balduccio.it)* sein Wissen gerne mit Interessenten teilt (Anmeldung für Degustationen unter *www.merum.info).*

PESCIA (145 D4) (*🗺 F6–7*)

Kaum jemand weiß, dass unzählige der Schnittblumen in deutschen Läden aus dieser Kleinstadt (20 000 Ew.) 25 km westlich von Pistoia stammen. Die bunte Pracht wird frühmorgens auf dem *Mercato dei Fiori* am Bahnhof verkauft. Ein Fluss, die Pescia, teilt das mittelalterliche Zentrum in zwei Teile. Am Westufer liegt der ältere, weltliche Teil. Seine Mitte ist die lang gestreckte *Piazza Mazzini,* einer der schönsten Plätze der Toskana. Am Ostufer befindet sich das religiöse Zentrum. Seine Kostbarkeit ist ein Altarbild von Bonaventura Berlinghieri (1235) in

Die genialen Maschinen und Geräte von Leonardo zeigt das Museum in Vinci

der Kirche *San Francesco.* Das wunderschön gelegene Weingut *Marzalla (Via Collecchio 1 | Tel. 05 72 49 07 51 | www. marzalla.it | €)* mit sieben Apartments, Garten und Restaurant ist ein idealer Ausgangspunkt für Entdeckungstouren ins Nievoletal und in die Berge.

SAN MINIATO ⭐ (149 E–F2) (📖 G8)

Der Turm, der über der Stadt (28 000 Ew.) 40 km südlich von Pistoia thront, stammt aus einer Zeit, als der Ort ein wichtiges Verwaltungszentrum des römisch-deutschen Kaiserreichs war. Aus diesem Grund ließ Friedrich II. hier 1218 auch seine *Rocca Federiciana* errichten. Von der Kaiserburg überstand nur der besagte Turm unbeschadet die Wirren der Zeit, wurde dann aber, wie die gesamte Altstadt, 1944 von deutschen Truppen zerstört und erst 1957 wieder aufgebaut. Heute genießt San Miniato Weltruhm als Stadt der weißen Trüffel.

Die 129 Stufen zur Spitze des ☀ *Turms (Di–So 10–13 und 15–19 Uhr | 3,50 Euro)* lohnen schon wegen der großartigen Sicht auf die Arnoebene. Unterhalb erhebt sich der *Dom* aus dem 13. Jh., daneben führt eine Treppe weiter abwärts zur *Piazza della Repubblica.* Wer in rustikalem Ambiente lokale Wildspezialitäten oder Trüffelgerichte kosten möchte, ist in der *Taverna dell'Ozio (Mo geschl. | Via Zara 85 | Tel. 05 71 46 28 62 | €€)* im Ortsteil Corazzano richtig. Die ☀ Zimmer im Hotelrestaurant *Albergo Miravalle (20 Zi. | Piazzetta del Castello 3 | Tel. 05 71 41 80 75 | www.albergomiravalle. com | €€)* gefallen mal mit Himmelbett, mal mit wunderbarer Aussicht.

VINCI (145 F5–6) (📖 G–H7)

Das Städtchen (14 500 Ew.) zwischen Pistoia und Empoli steht ganz im Zeichen von Leonardo, der hier 1452 als uneheliches Kind zur Welt kam. Zwei Museen erweisen ihm den Tribut, das interessantere ist das *Museo Leonardiano (tgl. 9.30–18, Sommer bis 19 Uhr | 7 Euro | Piazza dei Conti Guidi 2 | www.museoleonardiano.it).* Dort steht nicht der Künstler, sondern der Naturwissenschaftler und Erfinder Leonardo im Mittelpunkt. Über einen Fußweg gelangt man zum 3 km nördlich gelegenen *Geburtshaus (tgl. 10–17, Sommer bis 19 Uhr | 2 Euro)* des Universalgenies im Ortsteil *Anchiano.* Der Weg durch Olivenhaine, Mischwälder und Weinberge ist weitaus reizvoller als das Gebäude.

PRATO

(146 B4–5) *(🗺 H–J7)* **Kunstreisende machen oft einen Bogen um das „Manchester Italiens" genannte Prato, abgeschreckt vom Industriegürtel und der anonymen Vorstadtarchitektur.**

In der zweitgrößten Stadt der Toskana (190 000 Ew.) werden seit dem 14. Jh. Garne gesponnen, gewebt und exportiert, große italienische Labels lassen Alta Moda anfertigen. Viele Nähereien sind mittlerweile in chinesischer Hand, was die Chinatown vor der gut erhaltenen mittelalterlichen Stadtmauer erklärt. Was viele nicht wissen: Prato besitzt einen sehr schönen Ortskern voller Kunstschätze und wohlproportionierter Sakral- und Profanbauten – Zeugnisse einer jahrhundertealten Symbiose von Wirtschaft und Kunst. Die große Fußgängerzone ist zudem eine perfekte Einkaufsmeile, vor allen Dingen natürlich für modische Textilien. Kommen Sie mit dem Regionalzug oder dem Bus: Vom Bahnhof sind Sie in 15 Minuten im Zentrum.

SEHENSWERTES

CASTELLO DELL'IMPERATORE

Die wuchtige Burg mit Eck- und Flankentürmen sollte im 13. Jh. Stauferkaiser Friedrich II. als Stützpunkt auf dem Weg in seine süditalienische Heimat dienen. Er hat die Fertigstellung nicht erlebt. *April–Okt. Mo und Mi–Fr 16–19, Sa/So 10–13 und 16–19, Nov.–März Fr 10–13, Sa/So 10.30–13 und 14–16 Uhr | Eintritt frei | Piazza Santa Maria delle Carceri*

CENTRO PER L'ARTE CONTEMPORANEA LUIGI PECCI

Eines der ältesten Museen für Gegenwartskunst in Italien macht nach wie vor mit hochkarätigen Wechselausstellungen von Künstlern aus dem In- und Ausland von sich reden. Das 2 km südlich der Innenstadt gelegene Zentrum für zeitgenössische Kunst ist auch Ausgangspunkt für organisierte Streifzüge auf den Spuren der Gegenwartskunst durch die

Im Chor von Santo Stefano: Filippo Lippis Freskenzyklus zum Leben des Heiligen

Stadt, z. B. zu Henry Moores Marmorskulptur auf der Piazza San Marco, oder in die nähere Umgebung, etwa zum Skulpturenpark der Fattoria Le Celle. Im Sommer oft Abendöffnung mit Konzerten. *Öffnungszeiten und Eintritt nach Umbau bei Redaktionsschluss noch nicht festgelegt | Viale della Repubblica 277 | www.centropecci.it*

DOM SANTO STEFANO ⭐

Hier springt sofort die über Eck angebrachte Außenkanzel ins Auge. Mehrmals im Jahr wird dort der *Sacro Cingolo* präsentiert, ein mit Goldfäden durchwirkter Wollgürtel, der Wunder wirken soll. Die Kanzel stammt von Michelozzo, die Brüstung mit Puttenreliefs von Donatello. Die grün-weiß gestreifte Marmorfassade erhielt der Dom ab 1386, gut ein Jahrhundert später die Terrakottalünette von Andrea della Robbia. Im prachtvollen Innenraum malte Filippo Lippi, der große Sohn der Stadt, zwei Freskenzyklen auf die Wände der Hauptchorkapelle: links die Vita des Kirchenpatrons, rechts die von Johannes dem Täufer. *Tgl. 7.30–19 (Chorkapelle Mo–Sa 10–17, So 15–17) Uhr | 3 Euro | Piazza del Duomo*

INSIDER TIPP ▶ MUSEO DEL TESSUTO ●

Unter den Gewölben einer ehemaligen Textilfabrik dokumentieren Maschinen, Produktionstechniken und wertvolle Stoffe aus vergangenen Jahrhunderten die Geschichte der Textilindustrie von Prato. Sonderschauen ergänzen das Ausstellungsangebot. *Di–Fr 10–15, Sa 10–19, So 15–19 Uhr | 8 Euro | Via Puccetti 3 | www.museodeltessuto.it*

PALAZZO PRETORIO

Man sieht dem festungsähnlichen Palast an der Piazza del Comune an, dass er ständig verändert wurde. 1284 als Sitz des Stadtvogts entstanden, ist er einer der eindrucksvollsten Paläste in Mittelitalien. Die Kunstsammlung im ersten Stock zeigt Werke u. a. von Filippo Lippi. *Mi–Mo 10.30–18.30 Uhr | 8 Euro | Piazza del Comune 1*

ESSEN & TRINKEN

ENOTECA BARNI

Zwei Seelen hat dieses Lokal: Mittags ist es „Kantine" für Banker und Geschäftsleute, abends elegantes Restaurant für kreative toskanische Küche. *Mo-Abend, Di-Abend, Sa-Mittag und So geschl. | Via Ferrucci 22 | Tel. 05 74 60 78 45 | €€–€€€*

LA LIMONAIA

Im ehemaligen Gewächshaus der Villa Rospigliosi experimentiert Chef Claudio Vicenzo mit toskanischen Rezepten und serviert sie an Sommerabenden auf der Außenterrasse. *Im Sommer Mo und mittags, im Winter So-Abend, Mo–Mi und außer So mittags geschl. | Via Firenze 83 | Tel. 05 74 59 25 15 | www.ristorantelalimonaia.it | €€–€€€*

EINKAUFEN

BISCOTTIFICIO ANTONIO MATTEI

Hier wird das berühmte Mandelgebäck der Stadt, die *cantuccini di Prato,* noch original ohne Fett gebacken. *Mo geschl. | Via Ricasoli 20–22 | www.antoniomattei.it*

INSIDER TIPP ▶ OPIFICIOJM

In dieser Vitrine für toskanisches Design, lokale Kultur und Lebensart zeigen Künstler und Kreative, was sie können. Wein und Spezialitäten der integrierten Italia-Bar sind ebenfalls „made in Tuscany". *Laden Di, Mi und Fr 11.30–19, Do 14–22 Uhr, Restaurant So/Mo und Sa-Mittag geschl. | Piazza San Marco 39 | www.opificiojm.it*

AM ABEND

CAFFÈ AL TEATRO

Tapas, Drinks und fast jeden Abend Livemusik. *So/Mo geschl. | Via Verdi 28 | www.caffealteatroristorante.com*

ÜBERNACHTEN

ALBERGO GIARDINO

Zentral gelegen, gepflegte Zimmer, eigene Garage: alles gute Gründe für das freundliche Stadthotel. *28 Zi. | Via Mag-nolfi 2–6 | Tel. 05 74 60 65 88 | www.giardinohotel.com | €*

VILLA RUCELLAI

Schlichte Zimmer, dafür mit Seele, erwarten Sie in dieser Renaissancevilla 4 km vor den Toren der Stadt. *11 Zi. | Via di Canneto 16 | Tel. 05 74 46 03 92 | www.villa rucellai.com | €*

AUSKUNFT

Piazza Buonamici 7 | Tel. 0 57 42 41 12 | *www.pratoturismo.it*

ZIELE IN DER UMGEBUNG

MUGELLO

(146–147 C–D 2–4) (*Ø J–L 5–6*)
Im Talbecken südlich des Tosco-Emilianischen Apennins dehnen sich riesige Wälder aus, wo sich Einsiedeleien, verlassene Dörfer, herrliche Villen, Wasserfälle und neuerdings Wölfe verbergen. Die Gegend wird von Aktivurlaubern bevorzugt, die zu Fuß, per Rad oder zu Pferd auf gut beschilderten Rundwanderstrecken Natur und Kultur erkunden. Vorbildliches Material erhalten Sie im Touristenbüro *(Via Togliatti 45 | Tel. 0 55 84 52 71 85 | www.mugellotoscana.it)* in Borgo San Lorenzo.
Wer von Prato über die A 1 kommt, stößt an der Ausfahrt Barberino di Mugello auf das *Barberino Designer Outlet Village (Via Meucci | www.outlet-village.it/barbe rino)*, in dem alle großen Namen der Modebranche vertreten sind. Von dort ist es ein Katzensprung zum bei Surfern, Seglern und Sonnenanbetern beliebten Stausee *Lago di Bilancino*. Zwei Badeanstalten vermieten Sonnenschirme, bieten Bar- und Restaurantbetrieb und sorgen abends für Partystimmung.
In der *Villa Le Maschere (65 Zi. | Via Nazionale 75 | Tel. 0 55 84 74 32 | www.villa*

LOW BUDGET

In der Toskana gibt es viele zentral gelegene christliche Gästehäuser, die sich längst nicht mehr am klösterlichen Standard orientieren. Man muss nur rechtzeitig reservieren! Z. B. im *Istituto Gould (39 Zi. | Via de' Serragli 49 | Tel. 0 55 21 25 76 | www.istitutogould.it)* in Florenz (Doppelzimmer mit Bad ab 50 Euro).

An mehreren Florentiner Plätzen, sogar direkt am Palazzo Vecchio, gibt es 🌀 Wasserstellen, wo Sie Ihre Flasche kostenlos auffüllen können – und so auch einen Beitrag zur Plastikmüllvermeidung leisten.

Schnäppchenparadies Prato: In der Textilstadt bekommen Sie (fast) alles in der Fabrik zum halben Preis: Kaschmirpullover, Dessous, Lederwaren … Allerdings muss man dafür ins Industriegebiet Macrolotto fahren. Viele Adressen (auch auf Deutsch) finden Sie unter *www.pratoturismo.it* (Stichwort „Einkaufen").

lemaschere.it | €€€) in *Barberino* an der Straße zum Futapass, einer der schönsten Villen der Toskana, können Sie alle Vorzüge eines Luxushotels genießen. Bodenständiger geht es im *Agriturismo Sanvitale (8 Zi. | Via Campagna 20 | Tel. 05 58 40 11 58 | www.agriturismosanvita le.it | €)* 20 km weiter östlich in *Luco di Mugello* zu; hier bekommen Sie toskanische Leckereien und das richtige Feeling für Land, Leute und Lebensart.

Auf dem Weg dorthin kommen Sie am *Autodromo del Mugello (www.mugel locircuit.it)* vorbei. Dort jagen Motorradfans und Formel-1-Piloten mehrmals jährlich ihre Maschinen über den Parcours. Kontrastprogramm hierzu ist das INSIDER TIPP Naturreservat rund um die 1000-jährige *Badia di Moscheta* 17 km nördlich an der Straße nach Firenzuola. Besucher kommen wegen der *bistecca fiorentina* ins *Badia di Moscheta (Mo/Di geschl. | Via di Moscheta 898 | Tel. 05 58 14 40 15 | €–€€)* gegenüber.

SCARPERIA (147 D3) (*K6*)

Der elegante *Palazzo Vicario* aus dem 14. Jh. in der toskanischen Messerstadt (7800 Ew.) 45 km nordöstlich von Prato kommt Ihnen bekannt vor? Er ist tatsächlich eine kleinere Ausgabe des Palazzo Vecchio in Florenz. Im Innern ist er mittelalterlich streng, nur das Atrium ist ausgemalt und mit Wappen geschmückt. Links geht es zum Messermuseum *Museo dei Ferri Taglienti (Sommer Mi–So 10–13 und 15–19, Winter Mi–Fr 10–13, Sa/So 10–13 und 14.30–18 Uhr | 4 Euro | Piazza dei Vicari)*. Schneidewerkzeuge jeder Art und Preisklasse finden Sie bei *Coltelleria Berti (Via Roma 43 | www.coltellerieberti. it)*.

VICCHIO (147 D4) (*L6*)

Das Städtchen (8000 Ew.) 55 km östlich von Prato ist Pilgerstätte für Kunstfreun-de: In den grünen Hügeln des Sievetals erblickten Giotto (1267–1337) und Beato Angelico (1387–1455) das Licht der Welt. Ein Schild weist am nördlichen Ortsrand den Weg zu *Giottos Geburtshaus (So 10–13 und 15–19, im Sommer auch Sa 15–19 Uhr | 4 Euro | Ortsteil Vespignano)*, wo Leben und Werk des Künstlers multimedial thematisiert werden. Eine Mischung aus Lebensmittelladen und Osteria ist die *Casa del Prosciutto (Mo/Di geschl. | Via Pontea Vicchio 1 | Tel. 0 55 84 40 31 | €€)*.

Wer einen guten Schnitt machen will, fährt zum Messerkauf nach Scarperia

an der alten Brücke Richtung Barbiana. Kulinarische Souvenirs, Kastanienprodukte, Schafskäse und Tortelli mit Kartoffelfüllung gibt es im Laden der Genossenschaft *Il Forteto (Mo/Di geschl. | www. forteto.it)* 5 km in Richtung Pontassieve.

AREZZO, SIENA & CHIANTI

Arezzo, die Goldene, Siena, die Schöne: Beide Provinzhauptstädte im Südosten der Region scheinen sich an Kunstschätzen nur so zu überbieten. Und auch ihr landschaftlich sehr unterschiedliches Hinterland – die Hügel um Siena und die Ebene bei Arezzo, die zum Apenningebirge hin ansteigt – ist von großer Kultur und großartiger Natur geprägt.

AREZZO

(152 C4) (*N10*) Arezzo ist eine der ältesten Städte Italiens (100 000 Ew.); sie steht seit jeher für große Kunst, edles Handwerk und wertvolle Antiquitäten. Trotzdem zeigt die ehemalige Etruskerstadt am strategisch günstigen Schnitt-

CITY **WOHIN ZUERST?**

Es ist nicht leicht, einen Parkplatz zu finden. Versuchen Sie es am besten an der Via Pietri 27. Eine Rolltreppe bringt sie hoch zum **Dom** und Sie sind auch sofort an der Basilica San Francesco mit dem berühmten Bilderzyklus. Entspannter ist die Anfahrt mit dem Zug – auch vom Bahnhof sind Sie zu Fuß in nur zehn Minuten dort. Anschließend gelangen Sie über die Flaniermeile Corso Italia mit ihren eleganten Geschäften und dem Gässchen vor der eindrucksvollen Kirche Santa Maria della Pieve zur guten Stube von Arezzo, der Piazza Grande.

Kastelle, Kirchen, Klöster und viele Kurven: Zwischen Casentino und Orciatal dominiert das Mittelalter

punkt des fruchtbaren Chianatals und der Bergregion Casentino erst auf den zweiten Blick, was in ihr steckt.

Zunächst heißt es, eine anonyme, zersiedelte Peripherie zu überwinden – doch dahinter entpuppt sich die Stadt als florierendes Provinzzentrum, dessen Altstadt mit prächtigen Palästen, reizvollen Plätzen, vornehmen Geschäften und viel Atmosphäre glänzt. Das Zentrum, das sich einen Hang hinaufzieht, ist überschaubar und lässt sich bequem zu Fuß erkunden. In allen Museen gibt es güns-

tige Sammeltickets für die wichtigsten Museen.

SEHENSWERTES

CASA VASARI

Das prachtvolle Haus ist eines der wenigen erhaltenen Künstlerhäuser der Renaissance: Erbaut und bewohnt wurde es vom Maler und Architekten Giorgio Vasari (1511–1574), der u. a. die Uffizien in Florenz plante und mit seinen Künstlerbiografien ein Standardwerk der Kunstge-

Mittelpunkt und – am Monatsanfang – Marktplatz: die mittelalterliche Piazza Grande

schichte schuf. *Mo–Sa 9–19.30, So 9–13.30 Uhr | 4 Euro | Via XX Settembre 55*

DOM SANTI PIETRO E DONATO

Bemerkenswert an dem gotischen Bau aus dem 13. Jh. neben dem Stadtpark Passeggio del Prato sind die bemalten Glasfenster des Guillaume de Marcillat (16. Jh.). Größter Kunstschatz ist das kleine Fresko mit der Maria Magdalena von Piero della Francesca im linken Seitenschiff. *Tgl. 7–12.30 und 15–18.30 Uhr | Piazza del Duomo*

MUSEO ARCHEOLOGICO NAZIONALE GAIO CILNIO MECENATE

Den größten etruskischen Kunstschatz der Stadt, die Chimäre, hat sich Florenz angeeignet. Trotzdem sollten Sie sich die Fundstücke im ehemaligen Kloster aus dem 16. Jh. nicht entgehen lassen. *Tgl. 8.30–19.30 Uhr | 6 Euro | Via Margaritone 10*

MUSEO STATALE D'ARTE MEDIEVALE E MODERNA

Das schönste Museum der Stadt in einem Renaissancepalast aus dem 15. Jh. Sein Ausstellungsspektrum reicht von Sandsteinskulpturen aus dem 8. Jh. bis zur umfassendsten Majolikasammlung der Toskana. *Di–So 9–19.30 Uhr | Eintritt frei | Via San Lorentino 8*

PIAZZA GRANDE ★

Sie meinen, den asymmetrischen, leicht abschüssigen Platz schon mal irgendwo gesehen zu haben? Stimmt: Er war Filmkulisse bei Roberto Benignis „La vita è bella". Doch war die als Marktplatz konzipierte Piazza schon immer Ort für Inszenierungen – seit 1593 ist sie z. B. Kulisse für das mittelalterliche Ritterturnier Giostra del Saracino. Einen Logenplatz, um dem täglichen Treiben zuzuschauen, finden Sie an den Cafétischen unter den prächtigen Vasariloggien (1537) oder auf den Treppenstufen an der Westseite, die zum Gerichtsgebäude und dem eleganten Palazzo Fraternità dei Laici gehören. Die schmalbrüstigen Bürgerhäuser stammen aus dem Mittelalter.

SAN FRANCESCO

Hinter der schmucklosen Fassade der gotischen Basilika verbirgt sich ein Haupt-

gen Land in seine Zeit und siedelte es in seiner toskanischen Heimat an. Arezzo wurde zu Jerusalem, die toskanische Landschaft zu biblischen Gefilden und die Königin von Saba zur Edeldame der Renaissance. *Nur nach Reservierung: Sommer Mo–Fr 9–18.30, Sa 9–17.30, So 13–17.30 Uhr, Winter Mo–Fr 9–17.30, Sa 9–17.30, So 13–17.30 Uhr | Tel. 05 75 35 27 27 oder www.pierodellafran cesca-ticketoffice.it | Kartenabholung im Tourismusbüro nebenan | 8 Euro | Piazza San Francesco 1*

SANTA MARIA DELLA PIEVE
Der Piazza Grande zeigt die Kirche ihren schönen Chorapsisrücken. Die Vorderfront mit dem imposanten Zusammenspiel aus Säulen und Bögen aus dem 12. Jh. macht sie zu einem der schönsten romanischen Monumente der Toskana. Der Campanile wird wegen seiner nicht weniger markanten 40 romanischen Zwillingsfenster Turm der 100 Löcher genannt. *Tgl. 8–12 und 15.30–18.30 Uhr | Corso Italia 7*

werk der Frührenaissance, der zehnteilige ⭐ Freskenzyklus „Legende vom Heiligen Kreuz" von Piero della Francesca. Nach langer Restaurierung erstrahlt er erneut in voller Farbenpracht. Fast zehn Jahre arbeitete der Künstler an der 300 m² großen Bildergeschichte; dabei verlegte er das Geschehen im Heili-

---

⭐ **Piazza Grande in Arezzo**
Ort für Inszenierungen in Film und Alltag → S. 54

⭐ **Freskenzyklus in der Basilika San Francesco in Arezzo**
Piero della Francesca schuf einen der schönsten Bilderzyklen der Kunstgeschichte → S. 55

⭐ **Cortona**
Das Etruskerstädtchen ist ein Inbegriff der Toskana → S. 58

⭐ **Piazza del Campo in Siena**
Ist sie der schönste Platz Italiens? → S. 63

⭐ **Chianti**
Landschaft und Gästekultur vom Feinsten → S. 65

⭐ **Volterra**
Alabaster und Etrusker sind die Stichworte zu der Stadt auf dem Tuffhügel → S. 68

⭐ **San Gimignano**
Das „Manhattan des Mittelalters" will jeder gesehen haben → S. 68

⭐ **Val d'Orcia**
Die betörende Landschaft mit Ausrufezeichen gehört zum Unesco-Welterbe → S. 68

MARCO POLO HIGHLIGHTS

ESSEN & TRINKEN

ANTICA OSTERIA L'AGANIA

Familienbetrieb mit klassisch toskanischen Gerichten aus saisonalen Spezialitäten. *Mo geschl. | Via Mazzini 10 | Tel. 05 75 29 53 81 | www.agania.com | €€*

LOGGE VASARI

Vergessen Sie unter den Arkaden mit Blick auf die Piazza Grande das Essen nicht, es wäre schade um die ausgezeichneten Speisen! *Di geschl. | Piazza Grande 19 | Tel. 05 75 29 58 94 | www.logge vasari.net | €€€*

EINKAUFEN

BUSATTI

Feine Bett- und Tischwäsche in toskanischen Mustern und Farben. *Corso Italia 48 | www.busatti.com*

MERCATO DELL'ANTIQUARIATO

Jedes erste Wochenende im Monat verwandelt sich die Piazza Grande in den größten Antiquitätenladen Italiens.

AM ABEND

MARTINI POINT

Diese Streetbar sorgt dafür, dass nicht schon um 21 Uhr die Bürgersteige hochgeklappt werden. *Tgl. | Corso Italia 285*

URBAN CAFÉ

Der Star unter den Abendlokalen, nicht zuletzt wegen der hippen Livemusik am Wochenende. *Mo geschl. | Via Giuseppe Pietri 41b*

ÜBERNACHTEN

GRAZIELLA PATIO HOTEL

Bruce Chatwins Reiseerzählungen haben die Einrichtung des ruhigen Stadthotels in einem Stadtpalast inspiriert. *10 Zi. | Via Cavour 23 | Tel. 05 75 40 19 62 | www.ho telpatio.it | €€€*

VILLA I BOSSI

Himmelbetten, prächtige Salons und Buchsbaumhecken im barocken Garten: Die Landvilla 5 km südlich vor den Stadttoren ist ein Traum. *17 Zi. | Ortsteil Gragnone 44 | Tel. 05 75 36 56 42 | www.villa ibossi.com | €€*

AUSKUNFT

Piazza della Libertà 2 | Tel. 05 75 40 19 45 | www.benvenutiadarezzo.it

ZIELE IN DER UMGEBUNG

ANGHIARI (153 D4) (*Ø O9*)

Kurz vor Sansepolcro führt 30 km nordöstlich die *stradone* genannte schnurgerade Provinzstraße SP 43 von der Ebene hinauf in das stolze Burgstädtchen (5800 Ew.) mit bildschöner Altstadt und zahlreichen Handwerksbetrieben, darunter das Stammhaus der Wäscheweberei *Busatti (Via Mazzini 14)*. Vom Parkplatz links am *stradone* bringt Sie ein Aufzug in ein mittelalterliches Labyrinth aus steilen Treppengassen und dunklen Bogengängen. An der Spitze der verschachtelten Häuser, Palazzi und Plätze erhebt sich das wappengeschmückte Rathaus.

Falls Sie länger bleiben möchten, ist der rustikale *Agriturismo Il Sasso (7 Zi., 2 Apartments | Ortsteil San Lorenzo 38 | Tel. 05 75 78 70 78 | www.agriturismoilsasso. it | €)* 3 km außerhalb eine passende Adresse. Die Besitzer organisieren auf Wunsch gerne Kulturausflüge und Aktivangebote.

CAMALDOLI (152 B1) (*Ø N7*)

Herrliche Landschaft und wunderbare Ruhe prägen den 1024 vom hl. Romuald gegründeten Ort. Heute sind Kamaldulenserkloster *(Monastero)* und Einsiedelei *(Eremo)* 45 km nördlich Ausflugsziel und gleichzeitig Rückzugsort für Menschen, die Einkehr suchen. Zunächst treffen Sie auf das riesige Kloster (825 m) mit schönem Lauben- und Kreuzgang sowie der Klosterapotheke.

Die Einsiedelei versteckt sich 3 km weiter und 300 m höher in einem Mischwald. In den 20 hausähnlichen Zellen leben noch Mönche. So können Sie nur die Zelle des Ordensgründers, die Kirche und den Kapitelsaal besichtigen *(Kloster und Einsiedelei Mo–Sa 9–12 und 15–18, Winter bis 17 Uhr | www.monasterodicamaldoli.it).* Die 13 Zimmer in der *Locanda dei Baroni (Via di Camaldoli 5 | Tel. 05 75 55 60 15 | www.alberghicamaldoli.it | €)* sind eher mönchisch, das Essen im Restaurant gut und günstig.

CASENTINO
(152 B–C 1–2) *(⌖ M–O 6–8)*

Das abgeschlossene Hochtal im Norden von Arezzo mit dem Pratomagno im Westen und den Alpe di Catenaia im Osten ist eine Welt für sich. Im Mittelalter waren die riesigen Bergwälder Rückzugsgebiet für Mönche und später für reiche Patrizier, die hier Sommerresidenzen errichteten. Seit 1990 sorgt ein 350 km² großer Nationalpark u. a. dafür, dass sich zwischen dem alten Baumbestand wieder Wölfe tummeln. Das Gebiet können Sie auf einem 600 km langen Wegenetz zu Fuß, zu Pferd oder mit dem Fahrrad erkunden. Info- und Kartenmaterial liegt in den Besucherzentren des *Parco Nazionale delle Foreste Casentinesi* aus, etwa in *Pratovechio (Via Brocchi 7 | Tel. 0 57 55 03 01 | www.parcoforestecasentinesi.com).*

Im Mittelalter Refugium für Mönche, heute für Wölfe: die Wälder im Nationalpark Casentino

Verwaltungszentrum ist das quirlige *Bibbiena* (12 500 Ew.) mit hübscher Altstadt. Die kurvenreiche SP 208 bringt Sie ostwärts hinauf zur ●🔆 *Abbazia La Verna* (www.santuariolaverna.org) auf 1128 m. Das Kloster über einem Abgrund inmitten von Buchen und Fichten wurde von

Schmale Gassen und steile Treppenwege prägen das Stadtbild von Cortona

Franz von Assisi gegründet, der 1224 hier seine Wundmale erhielt. Von außen abweisend, offenbart sich die steingraue Anlage im Inneren als labyrinthisches Gefüge aus Kapellen, Kirchen, Mönchszellen und der Grotte, in die sich der Heilige zum Beten zurückzog. Auf *www.diqui passofrancesco.it* finden Sie Infos zum **INSIDER TIPP** ▸ Pilgerweg auf seinen Spuren. Man muss jedoch kein Pilger sein, um im dazugehörigen *Hospiz (Chiusi della Verna | Tel. 05 75 53 42 10 | www.san*

tuariolaverna.org | Stichwort accoglienza | €) günstig übernachten zu dürfen.
An der Straße von Bibbiena nach La Verna liegt der hotelartige *agriturismo La Collina delle Stelle (9 Zi., 6 Apartments | Ortsteil Casanova 63 | Tel. 05 75 59 48 06 | www.lacollinadellestelle.it | €–€€)*, ein guter Ausgangspunkt für Entdeckungsfahrten in die Umgebung.

CORTONA ★

(152–153 C–D6) (🗺 O12)

Kirchen, Klöster und Palazzi, die sich in verwitterten Steinmauern zusammendrängen, steile Gassen und gepflasterte Treppen, die zu stimmungsvollen Plätzen führen: In der alten Etruskerstadt (23 000 Ew.), die sich 30 km südlich einen Abhang hinaufzieht, sieht die Toskana aus, wie man sie sich erträumt. Das lässt sich auch vom eleganten Landgasthaus *Il Falconiere (22 Zi. | Ortsteil San Martino 370 | Tel. 05 75 61 26 79 | www. ilfalconiere.com | €€€)* in der Nähe sagen, wo im Restaurant eine Meisterin am Herd steht.
Der Sehnsuchtsort will erobert werden, am besten mit bequemen Schuhen. Der Aufstieg vom Parkplatz unterhalb der Stadtmauern über die Via Guelfa ist mühsam. Das haben Sie auf der *Piazza della Repubblica* jedoch sofort vergessen. Der Platz zwischen dem Rathaus aus dem 14. Jh. oberhalb einer großen Freitreppe und dem Palazzo del Popolo mit offenen Arkaden aus dem 13. Jh. ist Bühne des täglichen Lebens (und im wörtlichen Sinn beim Sommerfestival Ende Juli/Anfang August, *www.mixfestival.it*). Straßencafés laden ein, Geschäfte bieten Kulinarisches und Kunsthandwerk und im Museum für Archäologie und Stadtgeschichte *MAEC (April–Okt. tgl. 10–19, Nov.–März Di–So 10–17 Uhr | 12 Euro | Piazza Signorelli 9 | www.cortonamaec.org)* können Sie ein kurioses Sammelsurium aus anti-

ken Fundstücken bewundern. Daneben geht es zum Dom aus dem 11. Jh. auf einer ☀ Aussichtsterrasse. Im unscheinbaren *Diözesanmuseum (April–Okt. tgl. 10–19, Nov.–März Di–So 10–17 Uhr | 5 Euro | Piazza del Duomo 1 | www.cortonaweb.net)* gegenüber hängt eines der berühmtesten Gemälde der Welt, die „Verkündigung" des Beato Angelico.

Auf dem Weg zurück zum Auto bekommen Sie im *De Gustibus (tgl. 9.30–20 Uhr, im Winter Di/Mi geschl. | Via Guelfa 73) panini* und Vorspeisen aus lokalen Spezialitäten.

LUCIGNANO (152 B6) *(ⵉ M12)*

Anschaulicher kann ein Beispiel für ein mittelalterliches Burgdorf auf einer Anhöhe kaum sein. Beim Bummel durch den 30 km südwestlich auf 414 m gelegenen Ort (3600 Ew.) verstehen Sie, wie sich eine Siedlung innerhalb einer Wehranlage entwickelte. Dominiert wird der Ort von der mächtigen Kirche *San Michele Arcangelo* aus dem 16. Jh. Der wappengeschmückte *Palazzo Pretorio* links dahinter ist fast 300 Jahre älter. Das südliche Stadttor *Porta San Giusti* bildet die Zeitschleuse ins Mittelalter und zurück.

POPPI (152 B2) *(ⵉ M–N8)*

Die mittelalterliche Burg der Grafen Guidi (12. Jh.) zählt zu den besterhaltenen Monumenten der Toskana. 40 km nördlich von Arezzo gelegen, dominiert sie Ort (6200 Ew.) und Umgebung. Bei Ponte a Poppi geht es links über eine alte Steinbrücke einen bewaldeten Hügel hinauf. An der Abzweigung gibt es in der *Osteria del Tempo Perso (Via Roma 79)* die besten *panini* weit und breit. Im wappengeschmückten Innenhof der *Burg (Mitte März–Okt. tgl. 10–18, Nov.–Mitte März Do–So 10–17 Uhr | 5 Euro | www.castellodipoppi.it)* gelangen Sie über eine geschwungene Treppe in die Wohn-

gemächer. Wunderschön die Kapelle mit Fresken aus dem 14. Jh. und die wertvollen Handschriften der Bibliothek. Nehmen Sie sich Zeit für einen Bummel über die mit Bogengängen gesäumte *Via Cavour* zur romanischen Kirche *San Fedele*.

SANSEPOLCRO (153 E3) *(ⵉ P9)*

Der Geburtsort von Piero della Francesca (s. Kapitel Erlebnistouren) liegt 35 km östlich inmitten von sanften Hügeln, die sich im Hintergrund zu Bergen aufwölben. Innerhalb der mittelalterlichen Stadtmauern hat sich das Lebensgefühl einer ländlichen Kleinstadt (16 000 Ew.) bewahrt. Das bronzene Denkmal in der Nähe der gigantischen Loggia von 1591

LOW BUDGΞT

Unter dem Begriff *vino sfuso* verkaufen viele Weingüter und Fachgeschäfte offenen Wein. Selbst Chianti Classico oder Rosso di Montalcino bekommen Sie so für weniger als die Hälfte des Flaschenpreises. Sie brauchen lediglich eine leere 5-l-Flasche, die man immer wieder auffüllen lässt. Achtung: Den Transport über die Alpen übersteht offener Wein jedoch meist nicht sehr gut.

Den 28 schlichten Zimmern in der *Casa per Ferie Betania (Via Severini 50 | Tel. 05 75 63 04 23 | casaperferiebetania.com)* vor den Toren von Cortona fehlt es für einen längeren Aufenthalt an Behaglichkeit. Dafür kostet ein Doppelzimmer mit Bad nur 50 Euro. Unbezahlbar sind allerdings der weitläufige Garten und die herrliche ☀ Aussichtsterrasse.

verrät, dass die Kunststadt auf eine Klöppeltradition zurückblickt.

Der zum Gutshotel umgebaute Hof der Familie Boninsegni *La Conca (15 Zi. und Apartments | Ortsteil Paradiso 16 | Tel. 05 75 73 33 01 | www.laconca.it | €)* passt zur freundlichen Stimmung. Im *Tourismusbüro (Via Matteotti 8 | Tel. 05 75 74 05 36 | www.valtiberinaintoscana.it)* bekommen Sie Infomaterial zu thematischen Wanderwegen, z. B. auf den Spuren von Piero della Francesca oder von lokalen Spezialitäten.

STIA (152 A1) (*M7*)

Naturfreunde kennen das hübsche Städtchen 40 km nördlich von Arezzo an den Hängen des Monte Falterone, weil hier der Arno entspringt, Schmiede, weil alle zwei Jahre hier ihre Weltmeisterschaft stattfindet, Modebewusste wegen des *panno di lana,* einer Art toskanischer Loden in grellen Farben. Eingebettet in dichte Wälder, beeindruckt der Ort (3000 Ew.) auch mit der lang gestreckten *Piazza Tanucci* und den farbenfrohen Häusern, einige davon mit Arkaden. Dort finden Sie das Hotelrestaurant *Albergo Falterona (23 Zi. | Piazza Tanucci 85 | Tel. 05 75 50 45 69 | www.albergofalterona.it | €)* mit casentinesischer Küche und den Showroom der Wollkooperative *T. A. C. S. (www.tacs.it),* die in der *Via Sanarelli 49* ihr Outlet hat.

Am Weg nach Arezzo liegt rechts oberhalb von Pratovecchio die **INSIDER TIPP** *Pieve di San Pietro a Romena* aus dem 12. Jh., eine der schönsten romanischen Kirchen in diesem Teil der Toskana.

SIENA

KARTE AUF SEITE 62

(151 D6) (*K11*) **Siena (54 000 Ew.) ist eins der großen italienischen Wunder.** In prachtvoller Hügellage und geschützt von einer wehrhaften Mauer, konnte die Stadt ihren mittelalterlichen Charakter fast unbeschadet bis in die Moderne retten. Strenge Bauvorschriften hatten dafür gesorgt, dass nichts die Harmonie des Stadtbilds störte. Selbst Autos und Fernsehantennen wurden aus dem Zentrum verbannt.

Im Mittelalter entwickelte sich die auf drei Hügeln erbaute Stadtrepublik zum wichtigen Handels- und Finanzzentrum. Daran änderte sich auch nichts, als sie sich 1555 dem verhassten Florenz unterordnen musste. Sehr ausgeprägt ist das Zugehörigkeitsgefühl der Sienesen zu ihrem Stadtviertel, das seinen sichtbarsten Ausdruck im Palio *(www.ilpalio.org)* findet, dem berühmten (und umstrittenen) Pferderennen: Jedes Jahr am 2. Juli und 16. August treten immer zehn der 17 Stadtviertel *(contrade)* Sienas gegeneinander an. Dreimal umrunden die Tiere die Piazza del Campo, der siegreichen *contrada* winkt eine Standarte – eben der *palio.*

Vor den Stadtmauern finden Sie gebührenpflichtige Parkplätze *(www.sienaparcheggi.com).* Besser ist es, Sie nehmen den Bus: Dann sind Sie gleich auf der Via di Città, die zur Piazza del Campo führt.

SEHENSWERTES

INSIDER TIPP COMPLESSO MUSEALE SANTA MARIA DELLA SCALA

Wo vor 1000 Jahren Rompilger unter freskengeschmückten Tonnengewölben übernachteten und später Kranke, Arme und Findelkinder versorgt wurden, residieren heute ein Museum für Archäologie, eins für zeitgenössische Kunst und eins für Kinder. *Im Sommer tgl. 10.30–18.30, im Winter wechselnde Zeiten | 10 Euro | Piazza del Duomo 2 | www.santamariadellascala.com*

Schwarz und Weiß, die Farben Sienas, prägen auch den Dom Santa Maria

DOM SANTA MARIA

Der Grundstein für die spektakuläre Kathedrale mit der hell-dunkel gestreiften Fassade von Giovanni Pisano wurde 1136 gelegt, die Fertigstellung dauerte fast 200 Jahre. Trotzdem war sie den Sienesen nicht groß genug und sie planten einen Erweiterungsbau, bei dem der heutige Dom nur das Querschiff sein sollte. Baumängel und Geldmangel machten die Pläne zunichte. Geblieben ist eine Mauer mit ☀ Panoramaterrasse rechts vom Dom mit grandiosem Blick.

Märchenhaft wirkt der Innenraum der dreischiffigen Basilika, wo vor allem die Marmorkanzel des Nicola Pisano mit ausdrucksstarken Reliefszenen und die detailreichen Fresken in der *Libreria Piccolomini* links Ihre volle Aufmerksamkeit verdienen, ganz zu schweigen vom intarsiengeschmückten Marmorboden, der

leider nur von Mitte August bis Ende Oktober zu besichtigen ist *(Aufpreis 3 Euro)*. Links vom Dom geht es hinab zum *Battistero San Giovanni,* der Taufkapelle, deren mächtige Pfeiler auch den Domchor tragen. Das Taufbecken aus dem 15. Jh. schuf Jacopo della Quercia. Hauptattraktion des angegliederten *Dommuseums* ist die um das Jahr 1311 entstandene Maestà von Duccio Buoninsegna. *Dom Sommer Mo–Sa 10.30–19, So 13.30–18, Winter Mo–Sa 10.30–17, So 13.30–17.30, Libreria, Baptisterium, Panoramaterrasse und Museum Sommer tgl. 10.30–19, Winter 10.30–17.30 Uhr | 12 Euro | www.opera duomo.siena.it*

PALAZZO PUBBLICO

Das Rathaus der Stadt und seine zinnenbekrönte, 90 m hohe ☀ *Torre del Mangia* sind steingewordener Ausdruck von

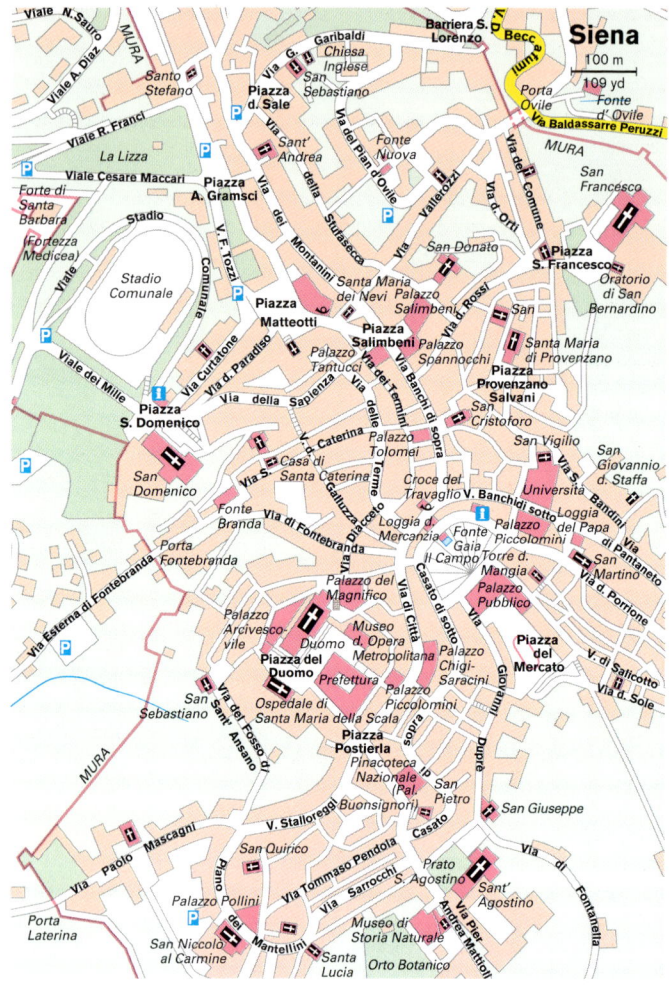

Selbstverständnis und Selbstvertrauen der Sienesen. Der Backsteinbau mit romanischen Bögen und gotischen Kreuzgewölben beherbergt im ersten Stock einige der bedeutendsten Kunstschätze der Toskana: In der Sala della Pace malte Ambrogio Lorenzetti im 14. Jh. die Allegorien der „Guten und der Schlechten Regierung" auf die Wand. In der Sala del Mappamondo, dem „Saal der Landkarte", befinden sich das älteste Fresko Sienas, eine Maestà (Madonna mit Kind, 1315), und die erste großformatige Landschaftsdarstellung in der europäischen Malerei, benannt nach dem darauf abgebildeten Feldherrn Guidoriccio, beide von

Simone Martini. *Tgl. 10–19, Winter bis 18 Uhr | 8 Euro | Piazza del Campo 1*

PIAZZA DEL CAMPO ★

Ihre einzigartige Harmonie verdankt die zum Rathaus hin abfallende Piazza – was strahlenförmige weiße Streifen im roten Ziegelsteinpflaster, die sich unten treffen, noch unterstreichen – nicht nur der ungewöhnlichen Muschelform. Schon um 1300 schrieb eine Art städtischer Bebauungsplan vor, dass sämtliche Fenster der Palazzi dieselbe gotische Triforienform haben sollten wie der Palazzo Pubblico; gut sichtbar ist das beim eleganten *Palazzo Sansedoni* mit kleinem Turm. Heute haben sich überall im Erdgeschoss Restaurants und Cafés, viele mit Außenterrasse, eingenistet. Die taubenumschwirrte *Fonte Gaia,* der im 15. Jh. von Jacopo della Quercia geschaffene und im 19. Jh. stark umgestaltete rechteckige Brunnen, ist ein beliebter Treffpunkt für Einheimische und Touristen, vor allem wenn der Platz endlich im Schatten liegt.

INSIDER TIPP PINACOTECA NAZIONALE DI SIENA

Die Patrizierfamilie Buonsignori vermachte ihren prächtigen Stadtpalast mit dem eleganten Renaissancebrunnen im Innenhof der Provinz mit der Auflage, ihn als Museum zu nutzen. So befindet sich hier die bedeutendste Sammlung sienesischer Malerei, mit Werken u. a. von Duccio di Buoninsegna und Simone Martini. *Di–Sa 8.15–19, So/Mo 9–13 Uhr | 4 Euro | Via San Pietro 29 | pinacoteca nazionale.siena.it*

ESSEN & TRINKEN

CACIO E PERE

Ein Dauerbrenner unter den Esslokalen. Vorne gibt es Barbetrieb, Light Lunch und Aperitifbuffet, hinten lokale Küche und manchmal Livemusik. *So geschl. | Via dei Termini 70 | Tel. 05 77 22 68 04 | €–€€*

LA TAVERNA DEL CAPITANO

Pici-Nudeln, Wildschweingulasch, frittiertes Gemüse: toskanische Deftigkeiten zum Hauswein aus Montalcino. *Di geschl. | Via del Capitano 6–8 | Tel. 05 77 28 80 94 | latavernadelcapitanoi3 mori.it | €€*

Die dicken Spaghetti der Toskana: *pici*

OSTERIA E ENOTECA SOTTO LE FONTI

Gegenüber vom Parkplatz Santa Caterina bekommen Sie traditionelle sienesische Gerichte wie die handgerollten *pici*-Nudeln oder die Suppe *ribollita*. *So geschl. | Via Esterna Fontebranda 118 | Tel. 05 77 22 64 46 | www.sottolefonti.it | €–€€*

EINKAUFEN

CONSORZIO AGRARIO

Hier finden Sie alles, was das Umland an lukullischen Spezialitäten zu bieten hat. *Via Giuseppe Pianigiani 5*

ENOTECA ITALIANA

In den Gewölben der Medicifestung werden sämtliche italienischen Spitzenweine präsentiert. *Mo–Sa 12–1 Uhr | Piazza Libertà 1 | www.enoteca-italiana.it*

TESSUTI FIORETTA BACCI

Schals und Jacken aus edlen Materialien, viele handgewebt. *Via San Pietro 7*

FREIZEIT & SPORT

In die Toskana fährt man auch der Küche wegen. In der *Scuola di Cucina di Lella (Tel. 0 57 74 66 09 | um 100 Euro/Person |*

Ausdrucksstark: Fresken im Kreuzgang des Klostes Monte Oliveto Maggiore

www.scuoladicucinadilella.net) lernen Sie schon in einem halben Tag, wie man die regionalen Speisen zubereitet.

AM ABEND

Sehen und gesehen werden heißt es abends rund um die *Croce del Travaglio,* wo die Flaniermeilen *Via Banchi di Sopra, Via Banchi di Sotto* und *Via di Città* zusammenlaufen.

TEA ROOM

Nachtkaffee, wo zu schrägen Jazzklängen Tee und Kuchen serviert werden. *Mo geschl. | Via Porta Giustizia 11*

ÜBERNACHTEN

IL CHIOSTRO DEL CARMINE

Erst Karmeliterkloster, dann Studentenwohnheim: Diese Vergangenheit merkt man dem Wohlfühlhotel am Südrand der Altstadt kaum noch an. *18 Zi. | Via della Diana 4 | Tel. 05 77 22 68 79 | www.chiostrodelcarmine.com | €€*

ANTICA RESIDENZA CICOGNA

Elisa Trefoloni hat den Lehrerberuf an den Nagel gehängt und stattdessen ihr Familienerbe im Zentrum als Bed & Breakfast in eine Wohlfühloase verwandelt. *7 Zi. | Via delle Terme 76 | Tel. 05 77 28 56 13 | www.anticaresidenzacicogna.it | €€*

HOTEL MINERVA

Das einfache, doch mit allem notwendigen Komfort ausgestattete Hotel lässt sich gut mit dem Auto anfahren, ist aber nur zehn Gehminuten vom Zentrum entfernt. *56 Zi. | Via Garibaldi 72 | Tel. 05 77 28 44 74 | www.albergominerva.it | €*

AUSKUNFT

Piazza del Duomo 1 | Tel. 05 77 28 05 51 | www.terresiena.it

ZIELE IN DER UMGEBUNG

ABBAZIA DI MONTE OLIVETO MAGGIORE (156 C2) (*Ω L12*)

Ein festungsartiges Tor und ein Zypressenwald trennen das 35 km südlich gelegene Mutterhaus des Olivetanerordens (1313) auf einer von Wind und Regen angefressenen Anhöhe von der Welt. Beachtung verdienen das geschnitzte Chorgestühl mit Holzintarsien in der Kirche und der überwältigende große Kreuzgang. Luca Signorelli und Sodoma haben ihn um 1500 mit einer Bildergeschichte über den hl. Benedikt ausgemalt. In der *liquoreria* verkaufen die Klosterbrüder Kräuterliköre. Zum Kloster gehört außerdem der einfache *agriturismo Podere Le Piazze (6 Zi. | Via delle Piazze 14 | Tel. 33 84 95 91 47 | €)* im nahen *Chiusure di Asciano. Tgl. 9.15–12 und 15.15–17, im Sommer bis 18 Uhr | www.monteoliveto maggiore.it*

ABBAZIA DI SAN GALGANO
(155 F2) (*ω J13*)

Auch der russische Regisseur Andrei Tarkowski erlag der Faszination der gewaltigen Klosterruine 35 km südwestlich von Siena und nutzte das 70 m lange, durch spitzbogige Arkaden geteilte Kirchenschiff ohne Dach als Filmkulisse für „Nostalghia". 1224 war mit dem Bau des Zisterzienserklosters begonnen worden; sein Niedergang begann um 1500. Die Trattoria *Il Minestraio (Di geschl. | Via del Fosso 1b | Tel. 05 77 75 11 43 | €€)* im Nachbarort *Chiusdino* überzeugt mit Gerichten von der Tageskarte.

CHIANTI ★
(151 D–E 2–5) (*ω K–L 8–11*)

Das Herz der Toskana ist Weinland. Über der Hügellandschaft zwischen Siena und Florenz kräht der schwarze Hahn: Der Gallo Nero ist das Gütezeichen der zahlreichen Weingüter. Doch das Faszinierendste ist die Landschaft selbst, Gestalt gewordene Harmonie aus zarten Pastelltönen. Zypressengesäumte Straßen schlängeln sich durch Weinberge, Olivenhaine und Steineichenwälder zu befestigten Dörfern, kühnen Burgen sowie prächtigen Villen. Bei einem Ausflug ins Chianti sollten Sie einen Besuch auf einem der Weingüter einplanen, z. B. im *Castello di Fonterutoli (Tel. 05 77 74 13 85 | www.fonterutoli.com)* 17 km nördlich von Siena an der Strada Chiantigiana

(SR 222). Melden Sie sich aber vorher telefonisch an!

5 km weiter stoßen Sie auf das stark vom Tourismus geprägte *Castellina in Chianti*. In der Trattoria *Il Fondaccio dai Dottori (tgl. | Via Fiorentina 73 | Tel. 05 77 74 29 11 | www.ilfondaccio.com | €€)* mit schönem Garten an der Straße nach San Donato in Poggio gibt es die lokalen Gerichte trotzdem zu annehmbaren Preisen. Wer länger hier bleiben möchte, sollte eins der vielen sorgfältig umgebauten Bauernhäuser als Domizil wählen wie z. B. *Il Colombaio (15 Zi. | Via Chiantigiana 29 | Tel. 05 77 74 04 44 | www.albergoilcolombaio. it | €)* im Norden. Wenn Sie auf der Chiantigiana bleiben, stoßen Sie 3 km vor Greve in Chianti auf die Abzweigung nach Lamole. An der Straße liegt das Weingut *Vignamaggio (Via Petriolo 5 | Tel. 0 55 85 46 61 | www.vignamaggio.it | €€€),* das auch 23 Zimmer und Apartments vermietet.

Greve in Chianti (11 000 Ew.) ist der Hauptort des Chianti. Hier verdient die asymmetrisch angelegte und mit Arkaden gesäumte *Piazza Matteotti* einen Halt. Am schmalen Ende des Platzes können Sie in der *Enoteca del Gallo Nero* Weine degustieren, in Hausnummer 11 gibt es Touristeninfos, in der berühmten *Antica Macelleria Falorni* Salamispezialitäten und in Nummer 83 im *Ristorante Il Portico (Mi geschl. | Tel. 05 58 54 74 26 | www. ristoranteilportico-chianti.com | €€)* beste toskanische Hausmannskost.

Von Castellina lohnt auch der Abstecher nach ● *Radda in Chianti* (1700 Ew.). Der Ort ist ⊙ „Centro Commerciale Naturale", d. h. Wurstwaren, Wein, selbst die farbenfrohen *Pratesi-Schuhe (Via Chiasso dei Portici 9)* sind „made in Tuscany". Zu dieser Lebensphilosophie passen die Frauenwirtschaft *Osteria Al Chiasso dei Portici (Di geschl. | Tel. 05 77 73 87 74 | €€)* gegenüber mit toskanischen Klassikern wie *pappa col pomodoro* und die nahe gelegene *Fattoria Poggerino (3 Apartments | Tel. 05 77 73 89 58 | www. poggerino.com | €€),* wo Sie die Sonnenuntergänge am Pool genießen können.

Von Radda sind es 10 km bis zur 1000 Jahre alten Abtei `INSIDER TIPP` ▶ *Badia a Coltibuono (Kellerführung April–Okt. tgl. 14, 15, 16 und 17 Uhr | 5 Euro | 8 Zi., 5 Apartments | Tel. 05 77 74 48 32 | www. coltibuono.com | €€€)* in einem grandiosen Wald. Ein Hauch von Vergangenheit weht durch die ehemalige Benediktinerabtei. Gleichzeitig ist sie erfolgreiches Weingut, Landgasthof und Spitzenrestaurant. Über die SP 408 geht es zurück nach Siena. Am Weg liegt bei Pievasciata der *Parco Sculture del Chianti (April–Okt. tgl. 10 Uhr–Sonnenuntergang, Nov.–März n. V. | 10 Euro | Tel. 05 77 35 71 51 | www.chiantisculpturepark.it),* ein privater Skulpturenpark, der Sie mit zeitgenössischer Kunst in die Gegenwart zurückholt.

CHIUSI (157 F3) (*ꗏ O14*)

Hierher fährt man der Kunstschätze wegen, die in einem klassizistischen Tempel aufbewahrt werden, dem *Museo Archeologico Nazionale (tgl. 9–20 Uhr | 6 Euro | Via Porsenna 93).* Der Ort (9000 Ew.) 80 km südlich von Siena gehörte einst zum etruskischen Zwölferbund. Anhand der Fundstücke bekommen Sie einen Überblick über Leben und Sterben dieses alten Volks.

MONTALCINO (156 C3) (*ꗏ L13*)

Lange Zeit war der befestigte Ort (5000 Ew.) 50 km südlich auf 570 m Höhe über dem Orciatal uneinnehmbar. Erst Mediciherzog Cosimo I. gelang es 1560, das letzte Bollwerk der ruhmreichen Stadtrepubliken Italiens einzunehmen. Schmalbrüstig und wappengeschmückt erinnert der *Palazzo dei Priori*

an der Piazza del Popolo an die große Vergangenheit. Doch im Grunde kommt man her, um den preisgekrönten Rotwein zu degustieren. Vier Jahre muss er in Eichenfässern lagern, bevor er sich Brunello di Montalcino nennen darf. Fachkundige Beratung finden Sie in der *Enoteca della Fortezza (Piazzale Fortezza | www.enotecalafortezza.com).* Gute Hausmannskost, nette Stimmung und ordentliche Preise machen die `INSIDER TIPP` ▶ *Taverna del Grappolo Blu (tgl. | Scale di Via Moglio 1 | Tel. 05 77 84 71 50 | www. grappoloblu.it | €€)* bei Einwohnern und Urlaubern gleichermaßen beliebt.

Am Weg von Montalcino nach Castelnuovo dell'Abate liegt die romanische `INSIDER TIPP` ▶ *Benediktinerabtei Sant'Antimo (Mo–Sa 10.15–12.30 und 15–18.30, So 9.15–10.45 und 15–18 Uhr)* aus dem 12. Jh. Das Innere der strengen Basilika ist von magischer Schönheit, was das durch schlitzartige Fenster fallende Sonnenlicht noch unterstreicht.

MONTEPULCIANO (157 E3) (*ꗏ N13*)

Das ummauerte Weinstädtchen (15 000 Ew.) auf einem Hügel 65 km südöstlich von Siena war immer sehr reich und konnte sich die besten Architekten leisten. Michelozzo gestaltete im 15. Jh. das *Rathaus* nach Art des florentinischen Palazzo Vecchio um und Antonio di Sangallo entwarf im 16. Jh. den *Palazzo Tarugi* und die außerhalb gelegene Kirche *Madonna di San Biagio* mit ihrer markanten Kuppel. Außer dem Rotwein Vino Nobile di Montepulciano lockt heute das zeitgenössische Musik- und Theaterfestival *Cantiere Internazionale dell'Arte (www.fondazionecantiere.it)* Ende Juli, Anfang August Besucher in die Stadt. Das ● *Caffè Poliziano (tgl. | Via Voltaia del Corso 27–29 | www.caffepoliziano.it)* gilt als schönstes Café der Toskana, *La Bottega del Nobile (Via di Gracciano nel Cor-*

so 95 | www.vinonobile.eu) als schönster Weinkeller der Stadt. Gefragte Souvenirs sind die ledernen Notizbücher und Taschen von *Maledetti Toscani (Via Voltaia*

ze im Städtebau, klar und rational, fand Papst Pius II. und beauftragte 1460 den Renaissancearchitekten Bernardo Rossellino, seinen Heimatort in eine „ideale

Ein Ziegelmeer: Die Dächer von Montepulciano passen zum Farbton des Vino Nobile

nel Corso 40 | www.maledettitoscani. com).

MONTERIGGIONI (150 C5) (*⌕ J11*)

„Giganten, die in der Hölle stehen", nannte Dante die Türme der 1203 errichteten, kreisförmigen Befestigungsanlage auf einem Hügel 10 km nördlich (9000 Ew.). Im einzigen Hotel innerhalb der Mauern, dem *Hotel Monteriggioni (12 Zi. | Via 1 Maggio 4 | Tel. 05 77 30 50 09 | www.hotelmonteriggioni.net | €€€)*, sind Sie der Welt entrückt.

PIENZA (157 D3) (*⌕ M13*)

Nach dem mystischen Mittelalter durfte der Mensch wieder selber Mitte und Maß sein. Das erforderte auch neue Grundsät-

Stadt" zu verwandeln. Als Erstes entwarf dieser einen Bürgersaal unter freiem Himmel, die Piazza Pio II. Darum herum ordnete er den Bischofspalast (Palazzo Piccolomini), das Rathaus mit Arkaden und den wohlproportionierten Dom an. Mit einem optischen Trick – die Seiten des Platzes laufen trapezförmig auseinander – täuschte er Größe vor.

Ein kulinarisches Muss ist vor Ort die Osteria *Sette di Vino (Mi geschl. | Piazza di Spagna 1 | Tel. 05 78 74 90 92 | €€)* mit lokalen Spezialitäten, eine besondere Unterkunft der *agriturismo* **INSIDER TIPP** *Sant'Anna in Camprena (20 Zi., 3 Apartments | Ortsteil Sant'Anna in Camprena | Tel. 05 78 74 80 37 | www.camprena.it | €)* 6 km nördlich. Das ehemalige Kloster war Drehlocation für den Film „Der Englische Patient".

SAN GIMIGNANO ⭐

(150 B4) (⌖ H10)

Je höher, desto mächtiger: Diesem mittelalterlichen Wettbewerb der Eitelkeiten verdankt die Stadt (8000 Ew.) 45 km nordwestlich ihre Wahrzeichen, die bis zu 54 m hohen Geschlechtertürme, von denen noch 15 erhalten sind. Millionen Touristen kommen ihretwegen in das befestigte Städtchen. Ist der Rummel abends vorbei, gehören die mittelalterlichen Straßen und gepflasterten Plätze wieder den Bewohnern.

Am Hauptplatz, der *Piazza della Cisterna* mit ihrem Brunnen aus Travertinstein, liegt das Hotelrestaurant *La Cisterna (48 Zi. | Tel. 05 77 94 03 28 | www.hotelcisterna.it | €€); es hat seit Jahren einen guten Ruf und in der *Gelateria di Piazza (tgl.)* ist ein Meister am Werk. An der Piazza Duomo nebenan liegen viele der mittelalterlichen Schmuckstücke, die Sie sich nicht entgehen lassen sollten: die vollkommen mit Fresken ausgemalte Stiftskirche *Santa Maria Assunta* (1148) mit breitem Treppenaufgang, die *Loggia del Battistero* mit dem Wandbild aus der Werkstatt des Domenico Ghirlandaio (1476), der *Palazzo Vecchio del Podestà* (12. Jh.) mit seinem großen Torbogen und die wappengeschmückte *Palazzo del Popolo,* in dem sich das *Stadtmuseum (April–Sept. tgl. 9.30–19, Okt.–März 11–17.30 Uhr | 6 Euro | www.sangimignano musei.it)* befindet. Es hat dieselben Öffnungszeiten wie die 🌿 *Torre Grossa* nebenan (Panoramablick über das gesamte Elsatal!). Zum Kloster *Sant'Agostino* aus dem 13. Jh. mit berühmten Fresken von Benozzo Gozzoli geht es über die Via San Matteo und die Via Cellolese.

Unter den Kunsthandwerkern sticht Franco Balducci mit seiner erlesenen Designerkeramik hervor: INSIDER TIPP *Ceramica Balducci (Piazza delle Erbe 5 | www.balducciceramica.com)*. In der Osteria del Carcere (Mi geschl. | Via del Castello 13 | Tel. 05 77 94 19 05 | €€) gibt es – typisch toskanisch – als *primo* Suppe statt Teigwaren.

VAL D'ORCIA ⭐

(156–157 C–D3) (⌖ M13–14)

„Land des Windes und der Wüste" werden die endlos dahinrollenden Hügel der *Crete* im Süden von Siena wegen ihres verwitterten Lehmbodens, der im Sommer schnell austrocknet, auch genannt. Kaum jemand vermag sich der Faszination dieser Kargheit zu entziehen. Mancherorts hat sich die mit Weizenfeldern, Weinbergen und Olivenhainen durchwobene Mondlandschaft seit Jahrhunderten kaum verändert. Statt Neubauten, Verkehrsschneisen und Industriegebieten setzen Zypressen, einsame Gehöfte und Klöster sowie mittelalterliche Bergnester hier Akzente. Heute ist das weitläufige Tal zwischen Buonconvento, Monte Amiata und Montepulciano als Parco Artistico, Naturale e Culturale della Val d'Orcia *(www.parcodellavaldorcia.com)* Unesco-Welterbe.

Die Parkverwaltung sitzt im wunderschönen Dorf *San Quirico d'Orcia*. Am Wegrand treffen Sie auf antike Thermen, wo Sie noch heute Körper und Seele heilen können. Etwas Besonderes sind die heißen Schwefelquellen von *Bagno Vignoni*. Das dampfende, offene Bassin aus dem Mittelalter wird nicht mehr genutzt, wohl aber dessen moderne Version im *Hotel Posta Marcucci (36 Zi. | Tel. 05 77 88 71 12 | www.hotelpostamarcucci.it | €€)*.

VOLTERRA ⭐ (149 F5) (⌖ G11)

Der in einer bizarren Hügellandschaft auf porösem Tuffstein erbaute Ort (11 000 Ew.), der von Tourismus und Alabaster lebt, ist unübersehbar eine alte Etruskerstadt. Damals hieß sie Velathri und gehörte zum mächtigen Städtebund. Danach machte sie erst anderthalb Jahrtausende später wieder von sich reden, als freie Kommune, die sich 1530 Florenz unterordnen musste. Heute sind Wind und Wetter ihre Feinde: Sie unterhöhlen die *balze,* die Ton- und Tuffschichten, auf denen die Stadt erbaut wurde.

Vom gut 50 km entfernten Siena kommend, betreten Sie die befestigte Altstadt durch die Porta Selci an der MediciFestung. Kurz dahinter liegt das *Museo Etrusco Guarnacci (tgl. 9–19, im Winter 10–16.30 Uhr | 10 Euro | Via Don Minzoni 15).* Zur Sammlung gehören die spindeldürre Bronzestatuette „Abendschatten" *(Ombra della Sera)* und das Symbol etruskischer Kunst schlechthin, der Sarkophag mit liegenden Brautleuten. In unmittelbarer Nachbarschaft, im *Viale Gramsci 70,* serviert man Ihnen in der freundlichen Atmosphäre der Trattoria *Ombra della Sera (Mo geschl. | Tel. 0 58 88 66 63 | €€)* lokale Küche.

Von der Via Gramsci geht es rechts zum *Römischen Theater,* das noch immer als Sommerbühne genutzt wird, und links über die Via Matteotti zur wunderbar erhaltenen *Piazza dei Priori.* Dort erheben sich das älteste Rathaus der Toskana, der *Palazzo Priori* (1208–1254), und der *Palazzo Pretorio,* ebenfalls aus dem 13. Jh., mit Turm und Loggia. Über die Piazza San Giovanni mit dem Dom *Santa Maria Assunta* aus dem 12. Jh. und achteckigem Baptisterium gelangen Sie zum *Arco Etrusco* aus dem 4. Jh. v. Chr. Es ist eines der wenigen erhaltenen etruskischen Stadttore.

Den besten Ruf unter Volterras berühmten Alabasterwerkstätten hat der Familienbetrieb **INSIDER TIPP** *Rossi Alabastri (Piazza della Pescheria | www.rossiala bastri.com).* Seit man aus der TwilightSaga weiß, dass hier eine königliche Vampirfamilie haust, ist Volterra zu einem Mekka für Fans des Vampirkults geworden, die zur *New Moon Tour (30 Euro | www.newmoonofficialtour.com)* strömen. Im großen Park des Hotels *Villa Nencini (32 Zi. | Borgo Santo Stefano 55 | Tel. 0 58 88 63 86 | www.villanencini.it | €)* können Sie sich vom Grusel bestens erholen.

Von Kitsch bis Kunst: Souvenirs aus Alabaster sind allgegenwärtig in Volterra

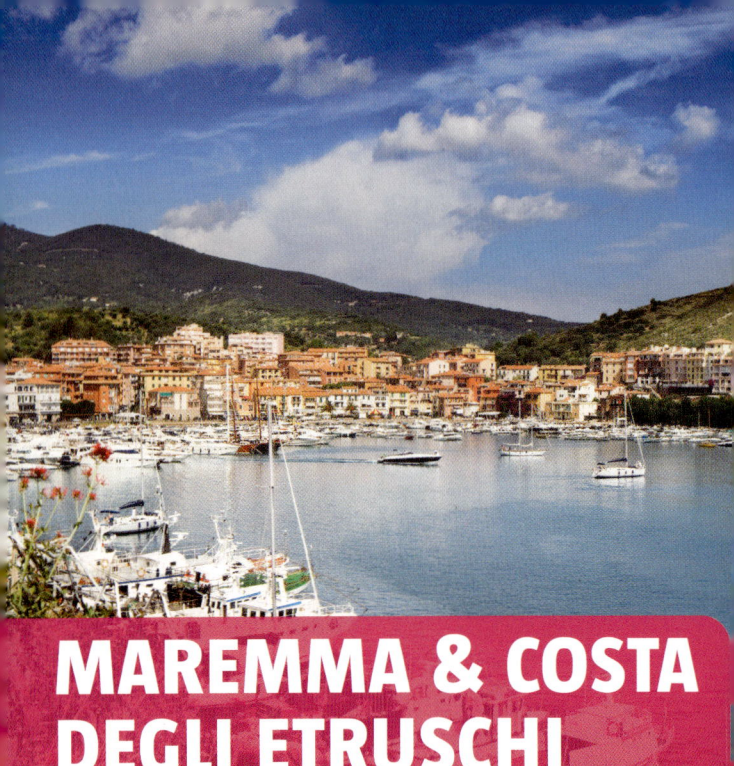

MAREMMA & COSTA DEGLI ETRUSCHI

Eine vielgestaltige Küste: mal felsig und schroff, mal sanft und sandig, von Pinien gesäumt, mit herrlichen Stränden und malerischen Häfen. Ein von üppiger Vegetation bedecktes Hinterland, mal hügelig und kultiviert, mal bergig und wild, wo sich kleine Orte um mittelalterliche Burgen drängen. Die Provinzen Grosseto und Livorno am Tyrrhenischen Meer faszinieren mit abwechslungsreicher Natur, großartiger Kultur und riesigem Freizeitangebot.

GROSSETO

(158 B1) (*J16*) Der Tourismus hat die südwestlichste Provinz erst relativ spät wachgeküsst. Dabei hatten bereits die Etrusker an dem mit Bodenschätzen reich gesegneten Landstrich Gefallen gefunden.

Das Problem: Die sumpfige Gegend konnte nur unter großen Anstrengungen bewohnbar gemacht werden, nicht zuletzt wegen der Malaria, die immer wieder die Menschen vertrieb. Erst im 20. Jh. gelang es, die Sümpfe endgültig trockenzulegen. Danach avancierte die Region um Grosseto schnell zur Kornkammer und zum Gemüsegarten der Region. Das ist der Grund für die zahlreichen Direktvermarkter von *frutta e verdura* längs der Straßen.

Die Provinzhauptstadt (80 000 Ew.), im Mittelalter Bischofssitz, liegt gut 10 km von der Küste entfernt. Noch bis 2001 versperrten Autos die Sicht auf die histo-

Bild: Yachthafen von Porto Ercole auf Monte Argentario

Keine Chance für Langeweile: Zwischen Monte Argentario und Etruskerküste liegt das Urlaubsparadies der Toskana

rischen Bauten der Altstadt. Heute schlendern Einheimische und Besucher durch einen herausgeputzten Ortskern mit breiten Arkaden, trinken an Café-tischen Espresso und flanieren über die schicke Einkaufsstraße Corso Carducci.

SEHENSWERTES

FORTEZZA MEDICEA

Auf den breiten Mauern dieses sechseckigen Bollwerks aus dem 16. Jh. können Sie rund um das Zentrum spazieren.

Beim Bau wurde die ältere Zitadelle, der *Cassero Senese,* integriert. Dort ist heute das Tourismusbüro untergebracht. Der (bis dahin schiffbare) Wassergraben rund um die Stadtmauer wurde 1835 in Grünanlagen und Straßen umgewandelt.

MUSEO ARCHEOLOGICO E D'ARTE DELLA MAREMMA

Im Museum für die lokale Archäologie und Kunst wird deutlich, mit welcher Pracht sich die etruskischen Herren der Maremma umgaben. *Di–Fr 10–15, Som-*

Viel Platz: Bei Marina di Grosseto finden Sie auch einen weitläufigen freien Strand

mer bis 17, Sa/So 10–13 und 16–19 Uhr | 5 Euro | Piazza Baccarini 3 | www.museidimaremma.it

PIAZZA DANTE

Um das Prestige aufzubessern, verpasste sich die Stadt im 19. Jh. an ihrem zentralen Platz einen historischen Anstrich. Der romanisch-gotische *Dom* aus dem 14. Jh. bekam eine Marmorfassade im mittelalterlich-sienesischen Stil, das neue Rathaus hatte die neugotischen Florentiner Paläste zum Vorbild und beim Neubau der Provinzverwaltung orientierte man sich am Rathaus von Siena. Das Denkmal in der Mitte ist ein Dankeschön an den Lothringer Fürsten Leopold II., der sich um die Trockenlegung der Maremma verdient gemacht hat.

ESSEN & TRINKEN

LA BUCA DI SAN LORENZO

Das Restaurant in der Stadtmauer gilt seit Jahren als bestes Lokal der Stadt. Wirt Claudio Musu ruht sich nicht auf sei-

nen Lorbeeren aus, sondern kombiniert immer wieder neu. *So/Mo geschl. | Viale Manetti 1 | Tel. 0 56 42 51 42 | €€€*

FIUMARA BEACH

Im Ortsteil Marina di Grosseto serviert ein junges Team im Sommer Fischgerichte direkt am Strand. Sie sollten rechtzeitig reservieren – und an Mückenschutz denken! *Tgl. | Ortsteil Fiumara | Tel. 0 56 43 40 40 | www.fiumarabeach.it | €€€*

ROSSO E VINO

Ein wenig Restaurant, ein wenig *enoteca:* Die Gäste werden mit kreativen Varianten regionaler Gerichte und den besten Weinen der Gegend verwöhnt. *Di geschl. | Piazza Pacciardi 2 | Tel. 05 64 41 12 09 | €€*

EINKAUFEN

BAUERNMARKT

Die gelben Fahnen vom Bauernverband Coldiretti verraten: Hier verkaufen Bauern aus der Umgebung Obst, Gemüse und lokale Spezialitäten. *Mi und Sa 8–13 Uhr | Via Roccastrada 2*

INSIDER TIPP ▶ I VINI DI MAREMMA

Maremma zum Mitnehmen gibt es in diesem Genossenschaftsladen an der SS 332. Neben den Weinen der Region finden Sie hier auch lukullische Spezialitäten von den Bauern der Gegend. *Ortsteil Il Cristo | Marina di Grosseto | www.ivinidimaremma.it*

STRAND

Sonnenbaden, Kitesurfen, Planschen, Segeln, Promenieren: Im Sommer ist der Küstenort Marina di Grosseto quasi städtischer Freizeitpark. Je nach Gusto können Sie zwischen frei zugänglichem Strand und gepflegtem Strandbad *(bagno)* wählen. Und gleich hinter der Fiumarabrücke liegt der Hundestrand.

AM ABEND

IRISH SOUL PUB
Auch im Weinland Toskana weiß man gutes Bier zu schätzen. Die Kneipe im ältesten Haus der Stadt hat einen europäischen Querschnitt vorrätig. *Tgl. | Piazza del Mercato 23*

ÜBERNACHTEN

FATTORIA DEL BACCINELLO
Das schick gestylte Landgut samt Restaurant und Swimmingpool liegt zwar gut 25 km östlich von Grosseto bei Baccinello, doch die lange Anfahrt lohnt sich. *7 Zi., 5 Apartments | Tel. 0 56 41 91 15 69 | www.fattoriadelbaccinello.com | €€*

AGRITURISMO SAN LUIGI
Susanna und Vanni haben in ihrem rustikalen und familienfreundlichen Ferien-

domizil 5 km vom Meer zwischen Grosseto und Castiglione an alles gedacht, damit die Seele baumeln kann. *2 Zi., 3 Apartments | Ortsteil Cernaia 700 | Tel. 05 64 40 41 12 | www.poderecernaia.it | €–€€*

AUSKUNFT

Im Sommer: *Cassero Senese auf den Stadtmauern | Tel. 05 64 48 85 73;* sonst: *Via Colombo 5 | www.turismogrosseto.it*

ZIELE IN DER UMGEBUNG

CASTIGLIONE DELLA PESCAIA
(155 D6) (*ɱ G16*)

Typisch mediterranes Urlaubsflair und prämierte Strand- und Wasserqualität sind zwei der Pluspunkte für das Städtchen (7500 Ew.) 22 km westlich. Beidseitig schützt ein breites Pinienband den kilometerlangen Sandstrand, bunte Kutter landen täglich frischen Fisch an. Den bekommen Sie hervorragend zubereitet und zu fairen Preisen im *La Casa Rossa (im Winter Mo geschl. | Via Paolini 45 | Tel. 05 64 93 35 71 | €€)*. An der Strandpromenade reiht sich ein *bagno* ans nächste, abends schieben sich Urlauber auf der Flaniermeile an Bars, Shops und Restaurants vorbei, darunter die **INSIDER TIPP** *Gelateria Paradise (tgl. 10–2 Uhr | Via Vittorio Veneto 13)* mit dem cremigsten Eis der Gegend. Das Meer zum Greifen nah hat das *Hotel Miramare (37 Zi. | Via Vittorio Veneto 35 | Tel. 05 64 93 35 24 | www. hotelmiramare.info | €€)*. Über allem thront eine befestigte Oberstadt, wo man durchs Mittelalter spaziert.

IL GIARDINO DEI TAROCCHI
(159 E4) (*ɱ L18*)

Formenreich und kunterbunt wachsen hier 22 Symbole des Tarotspiels aus dem Boden. Die französische Künstlerin Niki de Saint Phalle (1930–2002) hat den Garten anlegen lassen. Für einen Besuch müssen Sie 60 km südlich die vierspurige Küstenstraße Aurelia an der Ausfahrt Pescia Fiorentina verlassen. *April–Mitte Okt. tgl. 14.30–19.30, Nov.–März 1. Sa im Monat 9–13 Uhr | 12 Euro, Nov.–März gratis | www.nikidesaintphalle.com*

IL GIARDINO DI DANIEL SPOERRI ★
(156 C4) (*ɱ L14*)

In seinem Skulpturengarten am Nordhang des Monte Amiata bei Seggiano 65 km nordöstlich von Grosseto hat der Schweizer Bildhauer Daniel Spoerri eigene Installationen und die von Freunden aufgestellt. So rumpelt dort auf Knopfdruck eine von Jean Tinguelys grotesken Schrottmaschinen, wird auf einer kleinen Anhöhe Jesús Sotos Klangskulptur vom Wind zum Klingen gebracht und stolpern Besucher über einen in Bronze gegossenen Haufen aus Filzpantoffeln von Spoerri selbst. *Ostern–Juni und Mitte Sept.–Okt. Di–So, Juli–Mitte Sept. tgl. 10–20 Uhr, Nov.–Ostern nach Anmeldung | 10 Euro | Tel. 05 64 95 08 05 | www.daniel spoerri.org*

MAREMMA
(158 A–B 1–3) (*ɱ H–J 16–17*)

Reizvolle Landschaft, glasklares Wasser, kilometerlanger feiner Strand, schattige Pinienhaine, geschichtsträchtige Orte und eine Sonne, die fast das ganze Jahr vom azurblauen Himmel lacht: Nicht ohne Grund hat sich der Küstenstreifen zwischen Grosseto und der Halbinsel Monte Argentario zum Urlaubsparadies entwickelt. Hinzu kommen zahlreiche Ferienbauernhöfe wie der ◯ *agriturismo Serratone (4 Apartments | Ortsteil Maiano Lavacchio | Tel. 32 99 64 09 71 | www. serratone.com | €)* mit Ökolabel östlich von Grosseto oder bei Scansano das Weingut *Antico Casale (30 Zi. | Ortsteil Castagneta | Tel. 05 64 50 72 19 | www. anticocasalediscansano.it | €€€)* mit Spa, die Ursprünglichkeit und Lebensqualität versprechen.

Herzstück ist der ★ ◯ *Parco Regionale della Maremma*. Frei bewegen dürfen sich in dem Naturschutzpark zwischen der Ombronemündung und dem Hafen Talamone nur Wild und die Rinder des Landwirtschaftsbetriebs *Azienda Agricola Alberese (www.alberese.com)*, die von berittenen Hirten gehütet werden. Besucher müssen den Park durch die Eingänge in Talamone und Alberese betreten und auf den Wegen bleiben. Informationen über kostenpflichtige Touren, Nachtwanderungen und ● INSIDER TIPP ▶ Kanufahrten im Besucherzentrum *Centro Visite Alberese (Sommer tgl. 8–17, Winter bis 8.30–13.30 Uhr | Via Bersagliere 7–9 | Tel. 05 64 40 70 98 | www.naturalmentetoscana.it).* Auf der Website finden Sie eine Liste mit Unterkünften auf dem Parkgelände. Wie der Park, so hat sich auch das Restaurant *Da Remo (Mi geschl. | Rispescia Stazione 5–7 | Tel. 05 64 40 50 14 | €€–€€€)* seit Jahrzehnten kaum verändert, besonders was die Qualität der Fischgerichte betrifft.

Die Maremma lockt nicht nur mit intakter Natur – auch Aktivurlauber und Kulturfreunde sind hier richtig: Golfen, Biken, Wandern, Jazzkonzerte und Folkloreevents – hier ist für jeden was dabei. Auskunft: *Viale Monte Rosa 206 | Grosseto | Tel. 05 64 46 26 11 | www.turismoinmaremma.it*

MASSA MARITTIMA ★
(155 D3) (*🗺 G13–14*)

An die mittelalterliche Bergbaustadt (9000 Ew.) 50 km nördlich kann man sein Herz verlieren. Ein Aperitif bei Sonnenuntergang auf der Piazza Garibaldi, der Blick über das weite Umland bis zum Meer vom 🌿 Wehrturm *Torre del Candeliere (Sommer Di–So 10–13 und 15–18, Winter 11–13 und 14.30–16.30 Uhr | 3 Euro)* an der Piazza Matteotti, ein Bummel durch die Gassen der Unterstadt aus romanischer Zeit bis hinauf zur gotisch geprägten Oberstadt Città Nuova sind nur einige Gründe dafür. Dass der Ortskern so gut erhalten ist, muss man der Malaria zuschreiben: Sie zwang die Bewohner im 15. Jh. zur Flucht. Vier Jahrhunderte lag die Stadt im Dornröschenschlaf, bevor sich wieder Menschen hertrauten. Zentrum ist die *Piazza Garibaldi* in der unteren Città Vecchia, die Sie am besten vom Piazzale Mazzini im Osten aus erreichen. Dort erhebt sich auf ei-

Die Cowboys der Maremma: Butteri heißen die berittenen Hirten der Azienda Alberese

nem Podest, umgeben von strengen Travertinpalästen, der wunderschöne *Dom San Cerbone.* Herrlich die frühchristlichen Reliefs (11. Jh.) an der Fassadeninnenseite! Ein paar Schritte entfernt bekommen Sie in der *Taverna del Vecchio Borgo (So-Abend und Mo geschl. | Via Parenti 12 | Tel. 05 66 90 39 50 | €€)* typische Wildgerichte. 10 km südlich der Stadt sorgt im Weingut *Tenuta del Fontino (23 Zi., 6 Apartments | Ortsteil Accesa | Tel. 05 66 91 92 32 | www.tenutafontino.it | €€)* eine Südtirolerin dafür, dass Sie sich zwischen Pool, Waldsee und Reitstall wunderbar entspannen können.

MONTE AMIATA ⊙ (157 D5) (⌖ M15)

An klaren Tagen ist die charakteristische Kegelform des erloschenen Vulkans (1738 m) in der gesamten Toskana zu sehen. Trotzdem gelten seine wald- und wasserreichen Abhänge als Geheimtipp. Jahrtausendelang lebte die Bevölkerung dort von den Bodenschätzen. Seit in den 1970er-Jahren die letzte Zinnobermine geschlossen wurde, setzt man auf sanften Tourismus mit pflanzen- und tierreichen Schutzgebieten sowie einem dichten Netz thematischer Wanderwege, darunter der **INSIDER TIPP** *Kastanienpfad (Strada della Castagna).*

Kostenlose Wanderkarten bekommen Sie im *Tourismusbüro (Via Adua 21 | Tel. 05 77 77 58 11 | www.terresiena.it)* des Hauptorts *Abbadia San Salvatore* (7000 Ew.) 75 km östlich von Grosseto an der Ostflanke des Monte Amiata. Sehenswert dort sind die älteste toskanische *Abtei (tgl. 7–19 Uhr)* aus dem Jahr 750 mit einer von 36 Säulen gestützten Krypta und das Minenmuseum *Museo Minerario (Mitte Juni–Okt. tgl., sonst Mo–Fr 9.30–12.30 und 15.30–18.30 Uhr | 7 Euro | Piazzale Rossaro 6 | Führung nach Anmeldung unter Tel. 05 77 77 83 24 | www.museominerario.it),* in dem die Geschichte des Zinnoberabbaus dokumentiert ist. Im Hotelrestaurant *Fabbrini (35 Zi. | Via Cavour 53 | Tel. 05 77 77 99 11 | www.hotelfabbrini.com | €–€€)* in einer alten

So leer werden Sie die Piazza Garibaldi in Massa Marittimas Città Vecchia kaum je erleben

Stadtvilla finden Sie eine einfache, doch komfortable Unterkunft.

Den wohl schönsten Ort (3000 Ew.) am Monte Amiata, *Santa Fiora,* betreten Sie am besten von Süden her. Gleich hinter der Brücke, an der Piazza Garibaldi, stoßen Sie auf den ältesten Ortsteil *Castello* mit Überresten einer Burg, einem Uhrturm und dem Renaissancepalast der Familie Sforza. Über die Via Carolina, wo Sie im *Al Barilotto (Mi geschl. | Via Carolina 24 | Tel. 05 64 97 70 89 | €€)* schmackhafte lokale Kost bekommen, gelangen Sie zum Ortsteil *Borgo* zu Füßen des Castello. Ein dritter Ortsteil, *Montecatino,* liegt vor den Stadtmauern; er ist bekannt für das riesige Fischbecken aus dem 15. Jh., die *Peschiera,* in der das Wasser der Fiora aufgefangen wird.

MONTE ARGENTARIO
(158 B–C 4–5) (*J18–19*)

Türkisfarbenes Meer, weiße Sandbuchten und kantige Klippen säumen das Vorgebirge 45 km südlich. Zwischen zwei Nehrungen, die die Insel mit dem Festland verbinden, hat sich eine Salzwasserlagune gebildet. Ein breites Pinienband, das sich nur zu Fuß oder mit dem Fahrrad betreten lässt, schützt den **INSIDER TIPP** Sandstrand der südlichen Nehrung *Feniglia* (*www.tuttomaremma.com/riserva dunafeniglia.htm,* Fahrradverleih *(10 Euro/Tag)* auf den bewachten Parkplätzen). In der Nähe liegt die familienfreundliche *Antica Fattoria La Parrina (12 Zi., 4 Apartments | Ortsteil La Parrina | Tel. 05 64 86 26 26 | www.parrina.it | €€–€€€).*

Auf einer Landzunge, die vom Festland in die Lagune hineinragt und durch einen künstlichen Damm mit dem Vorgebirge verbunden ist, befindet sich die alte Hafenstadt *Orbetello* mit sehenswertem Dom. Lagunenfischer betreiben dort das urige Fischrestaurant *I Pescatori (Sommer mittags, Winter Mo–Do geschl. | Via Leopardi 9 | Tel. 05 64 86 06 11 | €€),* wo Sie auch die Spezialität **INSIDER TIPP** *bottarga,* geräucherten Rogen, kaufen können. Auf der Halbinsel erreichen Sie rechts *Porto Santo Stefano,* wo die ☀ Küstenstraße *Strada Panoramica* beginnt, auf der Sie den Hafen *Porto Ercole* auf der gegenüberliegenden Seite erreichen. Im dichten Buschwald verbergen sich die Villen der Vips und bei Porto Ercole das Luxushotel *Il Pellicano (34 Zi., 16 Suiten | Ortsteil Sbarcatello | Tel. 05 64 85 81 11 | www.pellicanohotel.com | €€€).*

Eindrucksvoller etruskischer Hohlweg im weichen Tuff: Il Cavone in Sovana

PITIGLIANO ⭐ (159 F2) (*Ⓜ M17*)

Der Anblick verschlägt einem den Atem, wenn gut 70 km südöstlich ganz unvermutet der Ort (4000 Ew.) auftaucht, der aus dem gut 300 m hohen Tuffsteinfelsen herauszuwachsen scheint. An seiner 3500 Jahre alten Geschichte haben Etrusker, Römer sowie im Mittelalter die Adelsfamilie Orsini mitgeschrieben. Der Ortskern hinter dem gewaltigen Aquädukt ist ein Labyrinth aus Gassen und Treppen, wo im Mittelalter spanische Juden Zuflucht fanden. Daran erinnern der **INSIDER TIPP** *Friedhof*, eine *Synagoge* und ein *Museum (So–Fr 10–13.30 und 14.30–*

18.30, Winter 10–12.30 und 15–17.30 Uhr | 5 Euro | Vicolo Marghera)* sowie eine *Konditorei (Via Zuccarelli 167)* mit koscheren Süßigkeiten. Markenzeichen des Restaurants *Il Grillo (Di geschl. | Via Cavour 18 | Tel. 05 64 6152 02 | €–€€)* sind solide Traditionsgerichte.

INSIDER TIPP SATURNIA
(159 E2) (*Ⓜ L17*)

Man kommt der heißen Schwefelquellen wegen her, die 60 km östlich von Grosseto hier aus einem Vulkankrater sprudeln. Über der römischen Therme wurde das Luxushotel *Terme di Saturnia (140 Zi. | Ortsteil Follonata | Tel. 05 64 60 01 11 | www.termedisaturnia.it | €€€)* errichtet, in dem auch zahlende Tagesgäste willkommen sind. Das abfließende Wasser fällt weiter unten beim ● Wasserfall *Cascata del Mulino* in Stufen in ein natürliches Tuffsteinbecken. Dort genießen Sie die wohltuende Wirkung gratis.

SORANO (159 F1–2) (*Ⓜ M16*)

Die mittelalterliche Felsenstadt (3700 Ew.) 80 km östlich von Grosseto gehört zum Eindrucksvollsten, was der Südosten der Toskana zu bieten hat. Terrassenförmig um einen Tuffsteinfelsen gebaut, ist es jede der verwinkelten Gassen mit Wohntürmen und malerischen Innenhöfen wert, durchwandert zu werden. In den dicken Mauern der *Burg* (um 1550), die den Ort überragt, hat das stimmungsvolle *Hotel della Fortezza (16 Zi. | Piazza Cairoli 5 | Tel. 05 64 63 35 49 | www.fortezza hotel.it | €)* Platz gefunden.

SOVANA ⭐ (159 F2) (*Ⓜ M17*)

Kriege und Katastrophen haben das Straßendorf verfallen lassen, behutsame Modernisierung und Denkmalpflege es erneut zum Leben erweckt. Dabei bekam auch das kleine, stilvolle Hotel *Scilla (15 Zi. | Via Rodolfo Siviero 3 | Tel. 05 64 614113 |*

www.albergoscilla.com | €) am gepflasterten Dorfplatz geschichtsträchtigen Charme. Die allgegenwärtigen Aldobrandeschi hatten im 11. Jh. die etruskische Siedlung zur gigantischen Festung ausgebaut. Nicht entgehen lassen sollten Sie sich den romanischen *Dom* sowie den ● *Parco Archeologico Città del Tufo (März Sa/So 10–17, April–Sept. tgl. 10–19, Okt. tgl. 10–18 Uhr | 5 Euro | www.leviecave.it)* an der Straße SP 22 Richtung San Martino. Dort befinden sich das Grab *Tomba Ildebranda* aus dem 3. Jh. v. Chr., das als Tempel mit Frontsäulen und Treppen in den Felsen gehauen wurde, sowie *Il Cavone,* ein in den weichen Tuffstein geschlagener Hohlweg. Etruskische Kultur können Sie auch in Form von Schmuckreproduktionen mit nach Hause nehmen: *Arte Etrusca (Mi geschl. | Via del Duomo 24)*

VETULONIA (155 D–E5) (*ɰ H15*)
Seit der Entdeckung der Etruskerstadt Vatl 1892 beim mittelalterlichen Weiler Vetulonia hat die Erde zahlreiche Siedlungsreste preisgegeben. Im *Museo Civico Archeologico (Juni und Sept. Di–So, Juli/Aug. tgl. 10–14 und 16–20, Okt.–Feb. Di–So 10–16, März–Mai 10–18 Uhr | 5 Euro | www.museidimaremma.it)* am Ortseingang befinden sich die Grabbeigaben. Nicht mit etruskischen, sondern mit mittelalterlichen Rezepten hat sich Francesco Angeloni in der INSIDER TIPP ▶ *Osteria Il Cantuccio (Mi geschl. | Piazza Indipendenza 31 | Tel. 05 64 94 80 11 | €€–€€€)* im Nachbardorf *Buriano* ins Herz seiner Stammgäste gekocht.

LIVORNO

(148 B3–4) (*ɰ D9*) **Viele kennen die Hafenstadt Livorno (157 000 Ew.) nur als Durchgangsstation nach Elba, Korsika** und Sardinien. **Das hat die größte Hafenstadt der Toskana nicht verdient! Sie besitzt zwar keine aufgetakelte Altstadt mit Renaissancepalästen und mittelalterlichen Gassen, punktet dafür aber mit herrlich breiten Straßen, in denen das Sonnenlicht bis in den hintersten Winkel gelangt, mit einem geschäftigen Alltagsleben und gut gelaunten Bewohnern.**

Bedeutung erlangte Livorno erst im 16. Jh. auf Wunsch der florentinischen Herrscherfamilie Medici, die einen Zugang zum Meer brauchte. Um reiche Juden herzulocken, verordnete man zudem per Gesetz Rede- und Religionsfreiheit. Das ist der Grund für das Völkergemisch, das die Stadt prägt.

SEHENSWERTES

INSIDER TIPP ▶ **ACQUARIO COMUNALE** ●
Die 65 Becken im städtischen Aquarium am vorderen Ende der schachbrettartig gepflasterten Terrazza Mascagni erlauben spannende Einblicke in die Unterwasserwelt des Mittelmeers. *April/Mai*

CITY **WOHIN ZUERST?**

Beginnen Sie mit einem Spaziergang über die Meerpromenade **Viale Italia**. Den Wagen können Sie auf dem kostenpflichtigen Parkplatz an der Piazza Mazzini gegenüber vom Hafenbecken Nuova Darsena abstellen und dort in die Buslinie 1 Richtung Süden steigen, die Sie zur Aussichtsterrasse Mascagni und zum Aquarium bringt. In entgegengesetzter Richtung fährt die Linie 1 zur zentralen Piazza Grande, von wo aus Sie bequem das Quartiere Venezia und die beiden Medici-Festungen erreichen.

Mo–Fr 10–18, Sa/So 10–19, Juni und Sept. tgl. 10–19, Juli/Aug. tgl. 10–21, Okt.–März Sa/So 10–18 Uhr | 13 Euro | Piazzale Pietro Mascagni 1

die ☀ *Aussichtsterrasse Mascagni,* verspielte Jugendstilvillen sowie Bars und Cafés. Am Abend wird die Promenade zur Schlendermeile.

Ein Ringkanal verbindet in Livorno Alte und Neue Festung

FORTEZZA VECCHIA UND FORTEZZA NUOVA

Mit der fünfeckigen Ziegelsteinfestung verstärkten die Medici ab 1521 ihren Vorposten an der Küste. Gut 50 Jahre später gab Großherzog Ferdinando I. ein weiteres Bollwerk in Auftrag, die neue Festung, und ließ beide über einen Ringkanal, den Fosso Reale, miteinander verbinden. Die Fortezza Nuova dient heute als städtische Grünanlage.

LUNGOMARE

Sobald sich die Sonne blicken lässt, bevölkert sich die 4 km lange Meerpromenade zwischen dem Strandbad Scoglio della Regina und dem kreisrunden Pinienhain Rotonda in Ardenza mit Fußgängern, Radlern, Joggern. Am Weg liegen

INSIDER TIPP MUSEO CIVICO GIOVANNI FATTORI

Die Macchiaioli um den heimischen Künstler Giovanni Fattori waren im 19. Jh. die toskanische Antwort auf die französischen Impressionisten. In der Jugendstilvilla Mimbelli haben die Bilder der sogenannten „Fleckenmaler" einen angemessenen Platz gefunden. *Di–So 10–13 und 16–19 Uhr | 4 Euro | Via San Jacopo in Acquaviva*

QUARTIERE VENEZIA NUOVA

Im alten Fischer- und Händlerviertel zwischen den Medici-Festungen, das von Kanälen durchzogen ist, pulsiert das Herz der Stadt. Hier gibt es die charakteristischsten Lokale sowie Künstlerateliers und Läden. Wie Venedig ist es auf Holz-

pfählen errichtet. In den zum Wasser geöffneten Gewölbegängen aus dem
17. Jh., die bis weit unter die Häuser reichen, lagerten die Reichtümer der Hafenstadt. Das lässt sich besonders gut bei
einer **INSIDER TIPP** Bootsrundfahrt erken-
nen: *Giro in Battello (10 Euro | Karten im
Punto Informazioni | Via Pieroni 18 | www.
livornoinbattello.info)*

ESSEN & TRINKEN

ANTICA TORTERIA DA GAGARIN
In diesem direkt hinter der Markthalle
gelegenen Imbiss gibt es die beste *cecina*, den für diese Gegend typischen pizza-
artigen Fladen aus Kichererbsenmehl.
*Mo–Sa 8–14 und 16–20.30 Uhr | Via Car-
dinale 24 | €*

OSTERIA DEL MARE
Bodenständige Trattoria mit einfachen
Fischgerichten und maritimem Ambien-
te. *Do geschl. | Borgo dei Cappuccini 5 |
Tel. 05 86 88 10 27 | €€*

L'OSTRICAIO
Ausgezeichnete Fischküche, gute Stim-
mung und faire Preise sorgen dafür, dass
die kleine Baracke an der Strandpromenade meist rappelvoll ist. *Mo-Abend ge-
schl. | Viale Italia 100 | Tel. 05 86 58 13 45 |
€€*

EINKAUFEN

BOTTEGA CAMPAGNA AMICA 🌐
Für Anhänger der Direktvermarktung ein
Tante-Emma-Laden für regionale Lebens-
mittel. *Piazza dei Legnami 22*

GIANNI CUCCUINI
Braucht ein Livornese Garderobe für be-
sondere Anlässe, schaut er zuerst hier in
der Fußgängerzone vorbei. *Via Ricaso-
li 35*

MERCATO CENTRALE
An den 180 Ständen der mächtigen Ju-
gendstil-Markthalle aus Eisen und Stein
gibt es alles, was in mediterranen Kü-
chen Verwendung findet. *Mo–Sa 7.30–
13.30 Uhr | Via del Cardinale/Via Buonta-
lenti*

FREIZEIT & SPORT

SEGELN
Im *Aquaria Natura Club (Via Magenta 12 |
Tel. 33 85 01 05 13 | www.aclub.it)* lernen
Sie den Umgang mit Schratsegel und
Spinnaker oder können einen Segelaus-
flug samt Skipper buchen.

TAUCHSCHULE
Im *Accademia Blu Diving Center (Ortsteil
Acquaviva | Bagni Pancaldi | Viale Ita-
lia 62 | Tel. 34 83 17 95 18 | www.accade
miablu.net)* lernen Sie theoretisch und
praktisch das Tauchen.

AM ABEND

BAR CIVILI
Künstler bezahlten hier einst den *ponce*,
die lokale Spezialität aus Kaffee und
Rum, mit Gemälden, die die Wände des
Lokals schmücken. *So geschl. | Via della
Vigna 55*

FORTEZZA VECCHIA
Zwischen Mai und September gibt es in
der alten Festung fast täglich Kulturereig-
nisse. *Eingang Stazione Marittima*

ÜBERNACHTEN

GRAND HOTEL PALAZZO
Hier konnte sich die Belle Époque ins
21. Jh. hinüberretten. Der Komfort ist von
heute. *123 Zi. | Viale Italia 195 | Tel.
05 86 26 08 36 | www.grandhotelpalazzo.
it | €€–€€€*

HOTEL AL TEATRO

Das Mittelklassehotel besticht durch seine zentrale Lage und den schönen Innenhof, wo Sie im Sommer frühstücken können. Garagenplatz möglich. *8 Zi. | Via Enrico Mayer 42 | Tel. 05 86 89 87 05 | www.hotelalteatro.it | €€*

AUSKUNFT

Via Pieroni 18–20 | Tel. 05 86 89 42 36 | www.costadeglietruschi.it

ZIELE IN DER UMGEBUNG

BOLGHERI ⭐ (154 B1) (*ⅉ F12*)

Die Fahrt über die berühmte, 5 km lange Zypressenallee bis zur Stadtmauer ist eine Rhapsodie in Grün, der mittelalterliche Weiler hinter dem Torbogen, der sich um die Burg der Gherardesca drängt, eine Welt in Rot. Eine gute Adresse im sonst eher touristischen Dorf 52 km südlich ist die *Taverna del Pittore (Mo geschl. | Largo Nonna Lucia 4 | Tel. 05 65 76 21 84 | €€–€€€)*. Die lokalen Gerichte werden im Sommer auf der Terrasse, im Winter im Kaminzimmer serviert.

CAMPIGLIA MARITTIMA

(154 B3) (*ⅉ F13*)

Die meisten Besucher schlendern ziellos durch die malerischen Treppengassen des schönen Hügelstädtchens (13 000 Ew.) 75 km südlich. Beachtung verdienen der wappengeschmückte *Palazzo Pretorio* aus dem 13. Jh. und die romanische Kirche *Pieve San Giovanni.* Im mittelalterlichen Herzen der Stadt wartet die *Locanda Il Canovaccio (3 Zi. | Via Vecchio Asilo 1 | Tel. 05 65 83 84 49 | www.locanda ilcanovaccio.it | €€)* als elegantes Bed & Breakfast und Spitzenrestaurant *(Sept.–Juni Di geschl. | €€–€€€)* mit schnörkellos zubereiteten Speisen auf Besucher.

CASTIGLIONCELLO (148 B5) (*ⅉ D11*)

Man merkt dem Ort (3500 Ew.) 27 km südlich seine mondäne Seebadvergangenheit an. Im 19. Jh. baute sich der Florentiner Geldadel seine Sommervillen auf die Klippen mit Privatzugang zur Badebucht und in den Siebziger- und Achtzigerjahren des 20. Jhs. traf sich hier die römische Filmschickeria. Heute hat sich das Sommervergnügen demokratisiert, wenn auch zu überhöhten Preisen. Sehr schön ist die ⚇ Küstenpromenade bis zum Nachbarort Rosignano.

COSTA DEGLI ETRUSCHI (148 B–C 4–6, 154 A1–4) (*ⅉ D–E 10–14*)

Der 90 km lange Küstenstreifen zwischen Livorno und Piombino verspricht Urlaubsvergnügen mit Sand- und Kieselstränden für Sonnenhungrige und Steilküsten für Schnorchler. In den Pinienwäldern wohnt man in familienfreundlichen Ferienanlagen mit abwechslungsreichem Freizeitangebot und im hügeligen Hinterland locken Orte, in denen sich der Geruch des Meers mit dem Geist der Antike vermischt. *www.costadeglietruschi.it*

MUSEO DELLA GEOTERMIA DI LARDERELLO (155 D1) (*ⅉ G12*)

Das älteste geothermische Werk der Welt liegt 85 km südöstlich von Livorno inmitten eines weit verzweigten Netzes aus Metallröhren. Mit ihrer Hilfe gelangt heißer Dampf aus dem Erdinneren ins Kraftwerk und wird in Elektrizität umgewandelt. Das Werksmuseum informiert über diese nachhaltige Energieerzeugung. *Mitte März–Okt. tgl. 9.30–18.30, Nov.–Mitte März Di–So 10–17 Uhr | Eintritt frei | Piazza Leopolda | www.museivaldicecina.it*

PARCO ARCHEOLOGICO DI BARATTI E POPULONIA ⭐ ● (154 A4) (*ⅉ E14*)

Das 75 km südlich von Livorno auf einem Felsvorsprung oberhalb des INSIDER TIPP ▶

Golfs von Baratti gelegene, mittelalterliche Populonia war zu Zeiten der Etrusker ein wichtiges Zentrum der Eisenverhüttung mit eigenem Hafen. Ihre Brennöfen standen unten am Meer. Als Forscher im 20. Jh. dort die dicke Schicht aus Schlacke abtrugen, kamen Nekropolen, Gräber und Werkstätten zum Vorschein. Heute ist das Gelände als *Archäologiepark (März–Mai und Okt. Di–So 10–17, Juni und Sept. 10–18, Juli/Aug. tgl. 9.30–19.30, Nov.–Feb. Sa/So 10–17 Uhr | 15 Euro, Nov.–Feb. 9 Euro | www.parchi valdicornia.it)* zugänglich.

Die weit geschwungene Bucht mit feinem, weißem Sand und glasklarem Wasser gehört zu den schönsten Stränden der Toskana. Ausladende Schirmpinien spenden Schatten, Fischerboote dümpeln im kleinen Hafen und noch bezahlt man nur fürs Parken, nicht fürs Baden. Gegrillter Fisch und köstliche Desserts sind die Aushängeschilder des Sommerrestaurants *I Tretruschi (Mo und außer im Hochsommer abends geschl. | Tel. 05 65 29 38 0 | www.itretruschi.it | €€)* direkt neben der Ausgrabungsstätte von Baratti.

SAN VINCENZO (154 A3) (*E13*)

Der Badeort (7000 Ew.) schwillt im Sommer auf das Zehnfache an. Er besitzt herrliche Sandstrände, gute Ferienanlagen, einen Yachthafen und ein reichhaltiges Vergnügungsangebot. Eine ehemalige Schule wurde in ein elegantes Apartmenthotel mit Pool und exzellentem Preis-Leistungs-Verhältnis verwandelt: *Residenza Santa Cecilia (15 Apartments | Via dell'Asilo 2 | Tel. 05 65 70 54 57 | www.santa-cecilia.it | €€€). Il Cantuccio (Di geschl. | Via Biserno 11 | Tel. 05 65 70 20 20 | €€)* ist eine gute Adresse für die ganze Familie. Hier gibt es Pizza für die Kids und schmackhafte lokale Kost, auch Fisch, für die Großen zu ehrlichen Preisen.

Schatten spendende Schirmpinien und glasklares Wasser: der Park von Baratti und Populonia

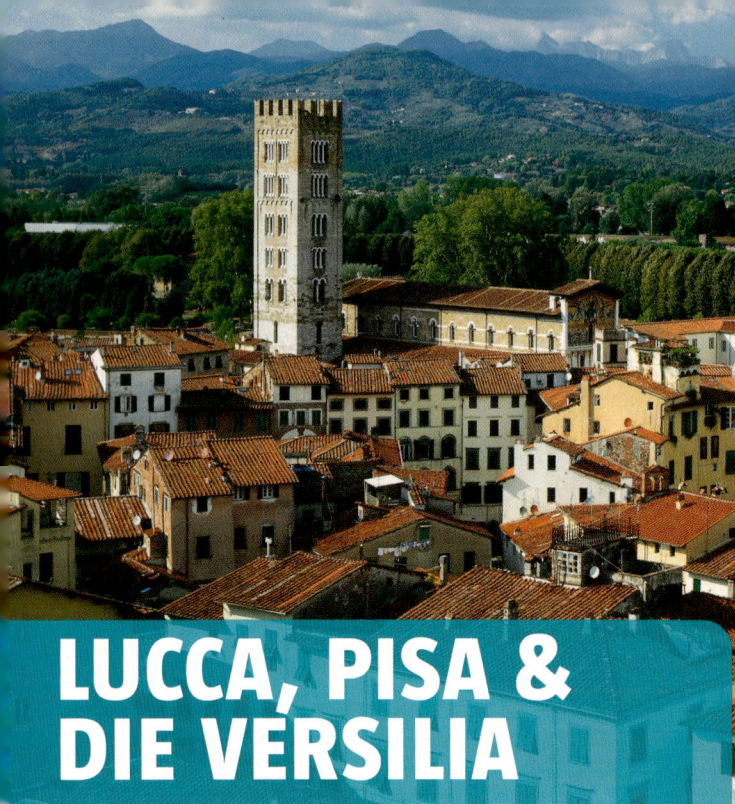

LUCCA, PISA & DIE VERSILIA

Das reizvolle Lucca mit der herrlichen Landschaft der Garfagnana im Rücken, Massa-Carrara zwischen Meer und Apuanischen Alpen und die einstige Seegroßmacht Pisa in der Schwemmlandebene der Arnomündung: Die drei Provinzen im Nordwesten bestimmten lange Zeit die Geschicke der gesamten Region. Ihren Reichtum verdankten sie dem Handel auf der mittelalterlichen Pilgerstraße Via Francigena, die das Frankenreich mit Rom verband.

LUCCA

(144 C5) (*E7*) Die einstige Stadtrepublik Lucca am linken Serchioufer, die ihre Unabhängigkeit bis 1847 bewahren

CITY ▸ **WOHIN ZUERST?**
　　Parken Sie auf dem Parkplatz Carducci (für Bahnfahrer: 500 m weiter östlich liegt der Bahnhof) an der **Porta Sant'Anna** und beginnen Sie mit einem Spaziergang auf der baumbestandenen Stadtmauer. Im Uhrzeigersinn erreichen Sie nach gut 1500 m das Stadttor Porta Santa Maria, wo Sie wieder hinuntersteigen können. 150 m westlich davon liegt die romanische Basilika San Frediano. Über die Via Cavallerizza geht es weiter zur ovalen Piazza dell'Anfiteatro und zum mit Steineichen bepflanzten Aussichtsturm Torre Guinigi etwas weiter südlich.

Weltbekannte Motive: Pisas Schiefer Turm, Luccas begehbare Stadtmauern, Marmorbrüche und die Badekultur der Belle Époque

konnte, steht für Behaglichkeit und Lebensqualität: Ziegelsteinrote Paläste und mit weißem Marmor verbrämte Kirchen erfreuen das Auge, eine verkehrsberuhigte Altstadt mit schmalen Gassen und ruhigen Plätzen schonen das Ohr, wunderbare Restaurants und Delikatessengeschäfte beglücken den Gaumen, elegante Modetempel bedienen das ästhetische Empfinden.

Die mittelalterliche Stadt (87 000 Ew.), die sich in ein Renaissancejuwel umzugestalten wusste, hat eine lange Tradition als Handelsplatz für feines Tuch. Heute lebt sie von der Papierherstellung, Qualitätslebensmitteln und vom Tourismus.

SEHENSWERTES

LE MURA

4 km lang, 12 m hoch, durchbrochen von sechs Toren, dient die begehbare Stadtmauer, 1544–1645 zum letzten Mal vergrößert, heute als Grünanlage. Mütter führen dort ihre Kinder spazieren, Radfahrer absolvieren ihr Fitnesstraining und

Besucher genießen die Blicke auf ziegel-rote Dächer und verborgene Gärten.

MUSEO NAZIONALE PALAZZO MANSI

Der Stadtpalast aus dem 16. Jh. punktet mit Prunk und Pracht einer Luccheser Patrizierfamilie. Die Galerie für regionale Kunst wird da fast zum schmückenden Beiwerk. *Di–Sa 8.30–19.30 Uhr | 4 Euro | Via Galli Tassi 43*

Marmoraltar (1422) von Jacopo della Quercia und einem reliefgeschmückten romanischen Taufbecken. Das Fassadenmosaik stellt Christi Himmelfahrt dar. *Tgl. 9–12 und 15–17, im Sommer bis 18 Uhr | Piazza San Frediano*

SAN MARTINO

Größter Schatz des Doms mit reich verzierter romanischer Fassade aus dem

Ganz in Marmor gemeißelt: Sarkophag der Ilaria del Carretto in Luccas Dom

INSIDER TIPP ▶ PALAZZO PFANNER

Die Villa von 1667 lockt mit einem Garten voller Götterstatuen, Wasserspiele und lauschiger Winkel. *April–Nov. tgl. 10–18 Uhr | 6 Euro | Via degli Asili 33 | www.palazzopfanner.it*

PIAZZA DELL'ANFITEATRO ★

Beim Bau der Wohnhäuser an dem ovalen Platz folgte man dem Grundriss des römischen Amphitheaters, das einmal hier gestanden hat. An den Cafétischen können Sie die Atmosphäre auf sich wirken lassen.

SAN FREDIANO

Die 1147 geweihte Kirche an der Stadtmauer bezaubert im Innern mit einem

12. Jh. ist der *Volto Santo,* das sogenannte „Antlitz Jesu", im achteckigen Tempelchen. Das hölzerne Kruzifix wird als Reliquie verehrt und im September in einer Prozession durch die Stadt getragen. Von hohem künstlerischem Rang ist der *Marmorsarkophag* der Ilaria del Carretto, eine bestechend schöne Arbeit von 1408 von Jacopo della Quercia. *Sommer Mo–Fr 9.30–17.45, Sa 9.30–18.45, So 9–10.15 und 11.30–18, Winter Mo–Fr 9.30–16.45, Sa 9.30–18.45, So 9.30–10.15 und 11.30–17 Uhr | Piazza San Martino*

SAN MICHELE IN FORO

Die Anlage am ehemaligen Römerforum mit fünfstöckiger Marmorfassade aus Blendarkaden, auf der der Erzengel Michael thront, gilt als einer der prächtigsten romanischen Bauten der Toskana, auch aufgrund der reichen Innenausstattung, u. a. von Andrea della Robbia und Filippino Lippi. *Tgl. 8–12 und 15–18 Uhr | Piazza San Michele*

ESSEN & TRINKEN

ANTICA LOCANDA DELL'ANGELO
Die Küche gehört zu den besten der Stadt. Die Ravioli mit Entenfleischfüllung sind ein Gedicht! *So-Abend und Mo geschl. | Via Pescheria 21 | Tel. 05 83 46 77 11 | €€–€€€*

TRATTORIA DA LEO
Beliebtes Lokal für die Mittagspause mit guter Hausmannskost zu annehmbaren Preisen. *Tgl. | Via Tegrimi 1 | Tel. 05 83 49 22 36 | €–€€*

LA TANA DEL BOIA
In dieser Snackbar stimmt alles: die nette Atmosphäre, die exzellenten *panini* und das optimale Bier aus Minibrauereien. *Mo geschl. | Piazza San Michele 37*

EINKAUFEN

ANTICA BOTTEGA DI PROSPERO
Fundgrube für lokale Spezialitäten: Olivenöl, Kastanienmehl, Dinkel, Bazzone, ein würziger Schinken aus der Garfagnana. *Via Santa Lucia 13*

MERCATO DELL'ANTIQUARIATO
Den Antiquitätenmarkt rund um den Domplatz, immer am dritten Wochenende im Monat, gibts schon seit bald 50 Jahren.

INSIDER TIPP ▶ TAPPEZZERIA ANGELO SQUALETTI
Handgewebte Rohseide und Brokatstoffe haben die Stadt reich gemacht. Eine Ahnung von der ehemaligen Pracht bekommen Sie in diesem Stoffgeschäft. *Via San Paolino 89*

FREIZEIT & SPORT

Auf dem Fahrrad wird die Entdeckung der verkehrsberuhigten Altstadt zum Vergnügen. Verleih: *Cicli Bizzarri (ab 3 Euro/Std. bzw. 15 Euro/Tag | Piazza Santa Maria 32 | Tel. 05 83 49 60 31 | www.ciclibizzarri. net).* Das hügelige Umland erkunden Sie am besten mit MTB und ☯ Ökoguide. Infos: *www.eco-guide.it*

AM ABEND

CAFFÈ DEL MERCATO
Der richtige Ort für einen gelungenen Tagesabschluss beim Cocktail oder einem

---

★ Campo dei Miracoli in Pisa
Das „Wunderfeld" rund um den Schiefen Turm → S. 96

★ Piazza dell'Anfiteatro in Lucca
Der ovale Platz, bekanntestes Fotomotiv der Stadt, ist unverwechselbar → S. 86

★ Pietrasanta
Seit Ewigkeiten ein Mekka für Bildhauer → S. 94

★ Pontremoli
Elegantes Städtchen an den grünen Hängen des Apennins → S. 95

★ Passeggiata in Viareggio
Art-déco-Monument aus der Anfangszeit der Badekultur → S. 95

MARCO POLO HIGHLIGHTS

Glas Wein, manchmal mit Livemusik. *So geschl. | Piazza San Michele 17*

ÜBERNACHTEN

ANFITEATRO B & B
Die optimale Lage, das gemütliche Ambiente und das gute Preis-Leistungs-Verhältnis machen das B & B zu einem Glücksfall. *5 Zi., 5 Suiten, 4 Apartments | Via Anfiteatro 25 | Tel. 33 83 70 74 83 | www.anfiteatrolucca.it | €€*

ALBERGO CELIDE
Freundliches Hotel direkt an der Stadtmauer mit individuell gestalteten Zimmern, eigenem Fischrestaurant, großzügiger Außenterrasse und kostenlosen Gästefahrrädern. *48 Zi. | Viale Giuseppe Giusti 25 | Tel. 05 83 95 41 06 | www.albergocelide.it | €€*

AUSKUNFT

Vecchia Porta San Donato und *Piazzale Verdi | Tel. 05 83 58 31 50 | www.luccaitinera.it*

ZIELE IN DER UMGEBUNG

BAGNI DI LUCCA (145 D3) (🗺 F6)
Kaum vorstellbar, doch der etwas angestaubte Ort (6600 Ew.) 30 km nördlich war im 19. Jh. der mondänste Wasserkurort Europas. Hier gab es das erste Spielkasino Europas (heute Touristenauskunft, *Via Umberto 103 | Tel. 05 83 80 57 45 | www.prolocobagnidilucca.it*) und elegante Hotels, die von den heilenden Kräften des heißen Wassers profitierten. Mittlerweile sind einige der Belle-Époque-Villen und Kurbäder wieder hergerichtet, darunter die *Terme Bagni di Lucca (Mo–Sa 8–13.30, So 9–13.30, im Sommer auch 14.30–17 Uhr | Piazza San Martino 11 | www.termebagnidilucca.it).* Ein üppiges Mahl zu moderaten Preisen bekommen Sie im **INSIDER TIPP** *Circolo dei Forestieri (Mo geschl. | Piazza Jean Varraud 10 | Tel. 0 58 38 60 38 | €€).*

BARGA (144 C2) (🗺 E5)
Der atemraubende Blick auf die Apuanischen Alpen vom *Piazzale Arringo* sowie der herrliche *Dom San Cristofano* aus dem 12. Jh., in dem Alabasterscheiben das Licht auf eine 1000-jährige Christophorusfigur und eine von Löwen getragene Marmorkanzel filtern, lohnen den Weg in das Bergstädtchen (10 000 Ew.) 35 km nördlich. Beim Bummel durch die Treppengassen erstaunen die schönen Renaissancebauten, die aus einer Zeit stammen, als sich hier alles um die Seidenproduktion drehte.

CAMAIORE (144 B4) (🗺 D6)
Das gibt es hier häufig: Der neuere Ortsteil liegt unten am Meer und trägt den Zusatz Marina oder Lido; dort dreht sich alles um den Sommertourismus. Ein freundlicher Familienbetrieb ist hier das *Hotel dei Tigli (33 Zi. | Via Roma 222 | Tel. 05 84 61 96 16 | www.hoteldeitigli.it | €€).* Die Altstadt (32 000 Ew.) hingegen, 1255 auf dem Reißbrett entstanden, weil Lucca einen Vorposten oberhalb der Via Aurelia brauchte, liegt 25 km nordwestlich von Lucca oben am Hang. Dort ist es ruhig und beschaulich; abends kommen strandmüde Gäste hinauf, schlendern durch die Gassen, suchen bei Kunsthandwerkern nach Souvenirs oder kehren in einem der Lokale ein, z. B. in der *Locanda Le Monache (Mi geschl. | Piazza XXIX Maggio 36 | Tel. 05 84 98 92 58 | €€).*
Auf dem Weg zum romanischen Kirchlein *Santo Stefano* aus dem 9. Jh. in Pieve di Camaiore liegt abgeschieden der wunderschöne Weiler **INSIDER TIPP** *Peralta (4 Zi., 7 Apartments | Via Pieve 321 | Tel. 39 31 71 72 46 | www.peraltatuscany.com | €€),* der von einer mexikanischen

Künstlerin zur individuellen Ferienunterkunft umgestaltet wurde.

GARFAGNANA

(144 B–C 1–2) (⟨□⟩ D–E 4–5)

Die weich geschwungenen Kuppen des Apennins im Osten, das zerklüftete Massiv der Apuanischen Alpen im Westen, zwischendrin unberührte Täler, Kastanienwälder, malerische Orte: Das Tal des Flusses Serchio im Norden von Lucca ist außergewöhnlich schön. Am besten erkunden Sie es auf die sanfte Tour, z. B. auf dem 110 km langen, anspruchsvollen Wanderrundweg oder auf ausgeschilderten Reitwegen *(ippovie)*.

Wegweiser bei Entdeckungstouren ist der Serchio, von dem rechts und links Gebirgstäler abgehen, in denen verfallene Kastelle, romanische Kirchlein und einsame Klöster von einer großen Vergangenheit zeugen. Nicht auslassen dürfen Sie einen Abstecher nach *Borgo a Mozzano* mit der buckligen „Teufelsbrücke" *Ponte del Diavolo*. Um die abgelegene **INSIDER TIPP** *Einsiedelei Calomini* (tgl.

9–12 und 15–19 Uhr | *www.eremocalomini.com*) zu besuchen, die wie ein Balkon an der Felswand hängt, fahren Sie auf der linken Flussseite bis Gallicano, wo die kurvige Zufahrtsstraße SP 39 beginnt. Am Ende der SP 39 finden Sie auch die Tropfsteinhöhle *Grotta del Vento (April–Nov. tgl., Dez.–März Mo–Sa 10–18 Uhr, Einlass zur vollen Stunde | 9/14/20 Euro je nach Rundgang | www.grottadelvento. com)*.

Von Gallicano aus sind Sie rasch in *Castelnuovo di Garfagnana*. Über dem Hauptort thront eine Bilderbuchburg, die *Rocca Ariostesca* mit Renaissanceelementen. Am Donnerstagmorgen findet in der Altstadt ein betriebsamer Kleider- und Gemüsemarkt statt, wichtige Waren- und Gerüchtebörse der Talbewohner.

Die Garfagnana steht auch für Gourmettourismus: Am Wegrand liegen einladende Lokale mit regionalen Spezialitäten wie **INSIDER TIPP** Produkten aus Kastanienmehl, etwa die *Trattoria Bonini (Di geschl. | Via di Monteperpoli 147 | Tel. 05 83 63 94 25 | www.trattoriabonini.it |*

Das Strand- und Nachtleben von Camaiore spielt sich unten am Meer im Ortsteil Lido ab

€€) in Castelnuovo, und Ferienbauernhöfe, die eigene Erzeugnisse anbieten,
z. B. der *agriturismo Il Ristoro del Cavalie-*
re (7 Apartments | Via Piana | Ortsteil Cor-
tia | Tel. 05 83 60 58 98 | www.agrituris
moristorodelcavaliere.it | €) mit Pool und
Restaurant bei Piazza al Serchio.
Auskunft: *Piazza delle Erbe 1 | Castelnuovo*
di Garfagnana | Tel. 0 58 36 51 69 | www.
turismo.garfagnana.eu

val (www.puccinifestival.it) von Mitte Juli
bis Ende August auf einer eindrucksvollen Seebühne aufgeführt. Im Sommer ist
die Stadt ein beliebter Gaytreffpunkt
(www.friendlyversilia.it).

VILLE LUCCHESI (144 C4–5) (𝄞 E–F7)
Prachtvolle Landsitze der Patrizierfamili-
en sprenkeln die umliegenden Hügel.
Zwei der zahlreichen Beispiele: Die *Villa*

Marmorne Löwen bewachen den Palazzo Cybo-Malaspina an Massas Piazza Aranci

LAGO DI MASSACIUCCOLI
(144 B5) (𝄞 D7)
Der flache See mit breitem Schilfgürtel
erinnert daran, dass der Küstenstreifen
hier noch vor einem Jahrhundert Lagune
war. Das Feuchtbiotop, in dem Zugvögel
brüten, gehört zum *Parco Regionale di*
Migliarino, San Rossore, Massaciuccoli
und kann über Pfade oder auf auf Pfählen konstruierten Stegen erkundet werden. Am Ufer liegt *Torre del Lago*
(11 000 Ew.), wo der Komponist Giacomo
Puccini lebte. Sein Wohnhaus ist heute
Museum (Di–So 10–12.40 und 15–18.20,
Mo 15–18.20 Uhr | 7 Euro | Belvedere Puc-
cini | www.giacomopuccini.it). Seine Wer-
ke werden beim jährlichen *Puccini-Festi-*

Torrigiani (März–Okt. tgl. 10–13 und 15–
17, Juni–Sept. bis 18.30 Uhr | 12 Euro | Via
del Gomberaio 3 | www.villeepalazzi
lucchesi.it) in *Camigliano* 10 km östlich
bezaubert mit einem Landschaftsgarten
voller Grotten, Wasserspiele und Statu-
en, die *Villa Reale (März–Nov. Di–So 10–*
13 und 14–18 Uhr | 7 Euro | Viale Europa |
www.parcovillareale.it) in *Marlia* 10 km
nordöstlich mit einem Freilichttheater
aus Buchsbaum im barocken Garten.

MASSA

(143 D5) (𝄞 C5–6) Vor der Haustür das
Meer und lange Sandstrände, im Hinter-

land ein zerklüftetes Karstgebirge mit tief eingeschnittenen Tälern, riesigen Wäldern und dem größten Marmorabbaugebiet der Welt: Die Provinz Massa-Carrara im äußersten Nordwesten der Toskana liegt in traumhafter Kulisse.

Der Hauptort Massa (70 000 Ew.) lässt sich auf die Kurzformel Meer, Marmor, Malaspina bringen. Unten im Küstenvorort Marina regiert der Tourismus, in der weiter oben gelegenen Altstadt das Handwerk, viel mit Marmor, während die Geschichte eng mit dem Namen der Herrscherfamilie Malaspina verknüpft ist. 350 Jahre bestimmte sie die Geschicke der Stadt.

SEHENSWERTES

INSIDER TIPP ▶ CASTELLO MALASPINA �

Um 800 diente die Festung an höchster Stelle, die Sie über eine Treppengasse erreichen, den Stadtherren als uneinnehmbarer Rückzugsort. Der Blick auf Stadt, Küste und Gebirge raubt einem den Atem. Zum hochherrschaftlichen Schloss wurde die Burg durch die Malaspina, die hier seit 1442 residierten und einen zauberhaften Renaissancepalast errichteten (heute Museum). *Juni–Sept. tgl. 10.30–13 und 15.30–23, Okt.–Mai So 14.30–18.30 Uhr | 6,50 Euro | Via del Forte 15*

PALAZZO CYBO-MALASPINA

Im 16. Jh. ließen die Fürsten einen Teil der mittelalterlichen Altstadt abreißen und gerade Straßenzüge anlegen. Dabei entstand ihre neue Residenz am Hauptplatz. Die Orangenbäume an der Piazza sind Napoleons Schwester Elisa Baciocchi zu verdanken, die im 19. Jh. toskanische Großherzogin war. *Piazza degli Aranci*

SANTI PIETRO E FRANCESCO

Die Kathedrale schmückt außen eine schöne Marmorfassade mit zwei Loggien übereinander; innen prächtiger Barock und die Fürstengräber der Malaspina. *Tgl. 9–19 Uhr | Via Dante*

ESSEN & TRINKEN

OSTERIA DEL BORGO

Schmackhafte lokale Gerichte wie *stordellate* (eine Art Lasagne), Ravioli oder Stockfisch mit Tomaten und Oliven in rustikalem Ambiente. *Di geschl. | Via Beatrice 17 | Tel. 05 85 81 06 80 | €€*

GREEN PARK

Sommers wie winters Hotspot für Einheimische und Besucher. Es gibt Pizza, Pasta, Cocktails und manchmal Livemusik. *Di geschl. | Via Pietro Mascagni 5 | Marina di Massa | Tel. 05 85 24 15 40 | €–€€*

EINKAUFEN

LABORATORIO CERAMICA

In seinem Werkstattladen unterhalb des Kastells verbindet Keramikmeister Claudio Bonugli Tradition mit Kunstfertigkeit. *Via Luigi Staffetti 33*

AM ABEND

BEACH CLUB VERSILIA

Hält seit Jahren die Poleposition unter den Sommerbühnen der Versilia, wo man nach dem Essen die Kalorien an Ort und Stelle abrocken kann. *Sommer tgl., sonst Fr–So | Viale IV Novembre 18 | Ortsteil Cinquale | www.beachclubversilia.it*

ÜBERNACHTEN

HOTEL GABRINI

Familiär geführtes Dreisternehotel an der Küste in Marina di Massa. Großer Garten, 45 freundliche Zimmer, Garage. *Via Luigi Sturzo 19 | Tel. 05 85 24 05 05 | www.hotelgabrini.it | €€*

AUSKUNFT

Lungomare Vespucci 24 | Marina di Massa | Tel. 05 85 24 00 63 | www.turismo massacarrara.it

ZIELE IN DER UMGEBUNG

APUANISCHE ALPEN

(143 D–F 4–6) (ⵯ C–D 5–6)

Bis auf 2000 m erhebt sich der Gebirgszug aus dem Tyrrhenischen Meer. An der Küstenseite blühen im Winter Zitronenbäume, während in den inneren Tälern noch bis Mai Schnee liegt. Zum Ausgleich tummeln sich dort selten gewordene Mufflons in den Wäldern und nisten Steinadler in den Felswänden. Das Paradies für Wanderer, Bergsteiger und Höhlenforscher sollte nicht unterschätzt werden. Festes Schuhwerk ist Pflicht! Damit der landschaftzerstörende Marmorabbau nicht ungebremst weitergeht, wurde ein Großteil des Gebiets als Parco Regionale delle Alpi Apuane *(www.parcapuane.it)* unter Schutz gestellt. Informationen bekommen Sie im *Centro Visite (Via Corra-*

LOW BUDGET

Incaba (Di–Sa 9.30–12.30 und 15.30–20, So 16–20, Mo 15.30–20 Uhr | Via Provinciale 241) heißt ein Kinderartikelgroßmarkt am Stadtrand von Camaiore. Die Preise liegen 20 bis 40 Prozent unter den deutschen.

Alta Moda für Herren gibt es im Outlet Atelier D'Avenza (Mo–Fr 9–12.30 und 14.30–18, Sa 9–12 Uhr | Via Aurelia 22) in Avenza an der Autobahnausfahrt Carrara um die Hälfte billiger als im Fachgeschäft.

do del Greco 11 | Tel. 0 58 47 58 21) in Seravezza und in Castelnuovo di Garfagnana *(Fortezza di Mont'Alfonso | Tel. 05 83 64 44 78).*

CARRARA (143 D5) (ⵯ C5)

Der Name der Stadt (64 000 Ew.) ist weltweit ein Inbegriff für schneeweißen Marmor, der in Werkstätten zu Kunst oder Souvenirs verarbeitet wird. Die hübsche, verkehrsberuhigte Altstadt hingegen ist eher unbekannt. Dabei gibt es viel zu entdecken: den romanischen *Dom* samt Glockenturm ganz aus Marmor, den *Neptunbrunnen* von Baccio Bandinelli daneben und natürlich das Marmormuseum *Museo Civico del Marmo (Sommer Mo–Sa 9.30–13 und 15.30–18, Winter 9–12.30 und 14.30–17 Uhr | 5 Euro | Viale XX Settembre 85 | Ortsteil Stadio | giove.isti. cnr.it/museo2/home.php).*

Kaffee und Kuchen gibt es in der *Drogheria Pasticceria Caflisch (Via Roma 2),* ausgezeichnete Fischküche in der *Tavernetta da Franco (Mo geschl. | Piazza Alberica 10 | Tel. 05 85 77 77 82 | www.ristorante latavernetta.it | €€)* und lukullische Mitbringsel in der urtümlichen *Antica Drogheria Riacci (Corso Carlo Rosselli 1).* Direkt nebenan können Sie im besten Hotel am Ort übernachten, dem *Hotel Michelangelo (28 Zi. | Corso Carlo Rosselli 3 | Tel. 05 85 77 71 61 | www.michelangelocarra ra.it | €€–€€€).* Eine nette, einfache Unterkunft in der Altstadt ist das B & B *Antica Carrara (5 Zi. | Via dell'Arancio 17 | Tel. 0 58 57 42 75 | €).*

FORTE DEI MARMI (143 D6) (ⵯ C6)

Am Anfang war der Bootssteg zum Verschiffen der Marmorblöcke, 100 m lang. Später kamen Festung, Fischerhäuschen und – ab 1900 – Ferienvillen hinzu, wo die feine Gesellschaft Urlaub machte. Bis heute ist der 10 km südlich gelegene Ort (7800 Ew.) Ziel von Elitetourismus, mit mondän-diskretem Ambiente, traumhaften Villen und sündhaft teuren Strandbädern. Dazu passt das *Hotel Byron (29 Zi. | Viale Ammiraglio Morin 46 | Tel. 05 84 78 70 52 | www.hotelbyron.net | €€€)* aus zwei umgebauten Jugendstilvillen mit allem, was anspruchsvolle Kunden zufriedenstellt.

INSIDER TIPP **GROTTA ANTRO DEL CORCHIA** ● (143 E5) (📖 D6)
Mit 1500 Grotten, Höhlen und Schächten gleichen die Apuanischen Alpen einem durchlöcherten Käse. Touristisch erschlossen sind drei, darunter diese riesige Höhle mit einem Gewirr aus Tunneln in Levi-

warten, alles gepaart mit Gastfreundschaft und exzellenter Küche: kaum verständlich, dass dieses wohltuend grüne Flusstal im äußersten Nordwesten der Toskana vielen unbekannt ist. Im Mittelalter war das anders. Heerscharen von Pilgern, Kaufleuten und Soldaten zogen hier durch, argwöhnisch beäugt aus über 100 Burgen. Gut erhalten sind wenige, darunter die *Malaspinaburg (Führungen Sommer Mi–Mo 11, 12, 16, 17, 18, Winter Sa/So 15, 16, 17, So auch 11, 12 Uhr | 6 Euro | Via Papiriana 2 | www.castellodifosdinovo.it)* in Fosdinovo. Bemerkenswert sind auch die vielen Kirchen am Wegrand, darunter die *Pieve di Sorano*

Blühende Gärten, mondäne Villen und exklusive Strandbäder: Das ist Forte dei Marmi

gliani di Stazzema. Angeboten werden zweistündige Führungen (Treffpunkt im Ort). *Wechselnde Zeiten | 13 Euro | Via IV Novembre 70 | www.antrocorchia.it*

INSIDER TIPP **LUNIGIANA** (142 B–C 2–4) (📖 A–B 3–5)
Endlose Wälder, verfallene Burgen, uralte Weiler, die ganzjährig mit Kultur auf-

an der SS 62 bei Filattiera. Sicherlich den Umweg wert (von Aulla über die SS 63) sind *Equi Terme* und seine malerische Tropfsteinhöhle *Grotte di Equi (wechselnde Öffnungszeiten | 8,50 Euro | grottediequi.it),* die zu Weihnachten in eine „lebende Krippe" verwandelt wird. Idealer Ausgangspunkt für Streifzüge ist der entzückende Ferienbauernhof mit Pool *Po-*

dere Conti (9 Zi., 4 Apartments | Via Dobbiana Macerie 3 | Tel. 34 82 68 18 30 | www.podereconti.com | €€–€€€) bei Filattiera. Mehr Tipps finden Sie auf der Website *www.terredilunigiana.com.*

MARMORBRÜCHE IN COLONNATA UND FANTISCRITTI (143 D5) (⌖ C5)

Seit Jahrtausenden bricht der Mensch oberhalb von Carrara den weißen „Stein des Lichts" aus den Bergen. Umweltpoli-

In Marmorwannen reift der würzige *lardo di Colonnata*

tisch ein Desaster und doch kann man sich der Faszination der Steinbrüche, der *cave,* die mancherorts Felsburgen gleichen, nicht entziehen. In *Fantiscritti* bei Miseglia oberhalb von Carrara organisiert *Marmotour (Mo–Fr 11–17, Mai–Aug. bis 18.30, Sa/So 11–18.30 Uhr | 10 Euro | Piazzale Fantiscritti 84 | www.marmotour. com)* Führungen in die imposante Unterwelt. Jacke nicht vergessen! Dort erwartet Sie auch ein *Freilichtmuseum (April–*

Okt. tgl. 9.30–18.30 Uhr | Spende erwünscht | www.cavamuseo.com), wo Marmorarten und historische Abbau- und Transportmethoden veranschaulicht werden.

Wenige Kilometer weiter in *Colonnata* gibt es den gerühmten butterweichen Speck *lardo di Colonnata,* z. B. von *Marino Giannarelli (Via Comunale di Colonnata 2),* der, gewürzt und in Salzlake eingelegt, monatelang in Marmorwannen reift. Das beste Restaurant am Ort ist die *Locandapuana (So-Abend und Mo geschl. | Via Comunale 1 | Tel. 05 85 76 80 17 | www.locandaapuana.com | €€).*

PIETRASANTA ⭐ (143 E6) (⌖ C6)

Die charmante Festungsstadt (24 000 Ew.) 12 km südöstlich ist das Mekka für Bildhauer und Steinmetzen. Eine Marmorwerkstatt reiht sich an die nächste, wo man – nach Voranmeldung – schnuppern kann, z. B. im *Studio Pescarella (Tel. 05 84 75 63 47 | www.studiopescarella. com).* Auch die Altstadt ist aus Marmor: Bordsteinkanten, Ruhebänke und der *Dom San Martino.* Sein ziegelroter Glockenturm bildet dazu einen schönen Kontrast. Man erreicht ihn über die Via Garibaldi, vorbei am Hotel *Albergo Pietrasanta (20 Zi. | Via Garibaldi 35 | Tel. 05 84 79 37 26 | www.albergopietrasanta. com | €€€),* am Delikatessenladen *Antichi Sapori (Via Garibaldi 62)* und an der wegen ihrer Vollkorn-*focaccia* geschätzten *Pizzeria La Corte (Mo geschl. | Via Giuseppe Garibaldi 55 | Tel. 05 84 79 08 30 | €–€€).*

Der Badeort *Marina di Pietrasanta* lockt mit breitem Sandstrand und intensivem Nachtleben. Trendtreff ist bei Sonnenuntergang der Steg oder die Bar des Bagno Comunale *(Viale Roma 3)* am nördlichen Ortsrand. Dafür, dass die Kultur nicht zu kurz kommt, sorgt das Sommerfestival *La Versiliana (www.laversilianafestival.it).*

Im Hinterland erlangte *Sant'Anna di Stazzema* traurige Berühmtheit: 1944 metzelten SS-Schergen hier 560 Zivilisten nieder. Das INSIDER TIPP *Museo Storico della Resistenza* (Di/Mi 9–14, Do–Sa 9.30–17.30, So 15–18 Uhr | www.santannadistazzema.org) erinnert daran.

PONTREMOLI ⭐ (142 B2) (𝄞 A3)

Hektik ist in der eleganten Kleinstadt (7500 Ew.) 60 km nördlich unbekannt. Die alten Cafés, etwa das *Caffè degli Svizzeri (Mo geschl. | Piazza della Repubblica 21),* bäuerlichen Trattorien und schmalen Laubengänge: Alles ist fast wie früher. Es dominiert das *Castello del Piagnaro* mit dem *Museo delle Statue Stele Lunigianesi (Sommer Di–So 9–12.30 und 15–18, Winter 9–12.30 und 14.30–17.30 Uhr | 4 Euro | www.statuestele.org)* für prähistorische Stelen. Seine beste Zeit hatte das Städtchen als Rastetappe an der Via Francigena. Heute ist die unberührte Natur der Umgebung ihr Reichtum und Heilkräuter, Pilze, Honig und Käse sind ihre Schätze. In der *Osteria della Bietola (Do geschl. | Via Bietola 4 | Tel. 01 87 83 19 49 | €–€€)* weiß man sie zuzubereiten. Perfekte Erholung in der Abgeschiedenheit garantiert der *Agriturismo Country-Hotel Costa d'Orsola (14 Zi. | Ortsteil Orsola | Tel. 01 87 83 33 32 | www.costadorsola.it | €€).*

VERSILIA

(143 D6, 144 A4–5) (𝄞 C6–7)

Endlose Strände aus feinem Sand und mit flacher Uferzone sowie schattige Pinienwälder, die sich am Meer entlangziehen: Der Küstenstreifen zwischen Viareggio und Forte dei Marmi ist die Wiege italienischer Badekultur. Anfangs kamen italienische Großbürger und wohlhabende Globetrotter. Heute steht die Versilia für mondän-modernen Badeurlaub schlechthin, mit allen Vor- und Nachtei-

len. In der Hauptsaison im Juli und August reiht sich ein Strandbad ans nächste, Sonnenschirme und Liegestühle stehen eng an eng und die Straße am Strand ist eine einzige Spaßmeile, INSIDER TIPP *auf der die ganze Nacht der Vaibus* verkehrt *(3,50 Euro).* Auch das Sportangebot bedient sämtliche Vorlieben, Hotels und Ferienwohnungen gibt es für jeden Geldbeutel und jeden Geschmack und am Abend haben Sie die Qual der Wahl zwischen Pubs, Diskotheken, Shopping und Freilufttheater. In der übrigen Zeit bekommen Sie eine Ahnung davon, wie bezaubernd dieser Flecken einmal war.

VIAREGGIO (144 A5) (𝄞 C–D7)

Italiens ältestes Seebad (64 000 Ew.) 25 km südöstlich schmückt sich mit der 3 km langen, schnurgeraden ⭐ *Passeggiata* zwischen der Mole im Süden und dem traditionsreichen Komforthotel Principe di Piemonte. Dazwischen liegen bunte Badekabinen, schöne Hotels, darunter das familäre und freundliche *Tirrenia (15 Zi. | Via San Martino 23 | Tel. 0 58 44 96 41 | www.tirreniahotel.it | €€),* sowie prachtvolle Jugendstilpavillons mit Cafés (einzigartig das *Gran Caffè Margherita*), Restaurants und eleganten Modeboutiquen. Unprätentiös gibt sich das Restaurant *Romano (Mo geschl. | Via Giuseppe Mazzini 122 | Tel. 0 58 43 13 82 | €€€),* eins der besten Fischrestaurants. Im Touristenhafen *La Madonnina* organisieren Meeresbiologen 🔵 INSIDER TIPP Segeltörns zur Wal- und Delphinbeobachtung *(Sommer tgl., Winter Sa/So 9.30–17 Uhr | 60 Euro inkl. Lunch | Anmeldung obligatorisch unter Tel. 33 56 56 44 69 oder cetus@supereva.it).* Auch Fischer nehmen zahlende Gäste mit aufs Meer und bereiten zudem die lokalen Fischsorten, den 🟢 INSIDER TIPP *pesce dimenticato,* den „vergessenen

Fisch", an Bord zu *(www.ittiturismo.it).* Im Winter lockt der Karnevalsumzug mit satirischen Pappmachéwagen *(www.via reggio.ilcarnevale.com).* Auskunft: *Viale Carducci 10 | Tel. 05 84 96 22 33 | www. luccaturismo.it*

PISA

 **KARTE AUF SEITE 98**

(148 B2) *(ⅅ D8)* **Millionen Urlauber bewundern jedes Jahr Pisas Wahrzeichen und ignorieren den Rest der Stadt (89 000 Ew.) nahe der Arnomündung. Dabei gibt es in der heiteren Studentenstadt viel zu entdecken: prächtige Monumente, beschauliche Gärten, einladende Plätze, arkadengeschmückte Straßen, elegante Läden.**

Der Schlüssel zum Verständnis von Pisas Pracht liegt im Mittelalter: Damals beherrschte die Flotte der damaligen Seerepublik das Mittelmeer und konnte nahezu ungehindert ihren Reichtum mehren.

 **SEHENSWERTES**

CAMPO DEI MIRACOLI ⭐

Das „Feld der Wunder" mit den vier Monumenten aus strahlend weißem Carraramarmor – Dom, Taufkapelle, Glockenturm und monumentaler Friedhof – liegt am Westtor der mittelalterlichen Stadtmauern. Keine glückliche Ortswahl: Bereits während der Bauarbeiten wurde deutlich, dass sich das Schwemmland nicht als Baugrund eignete. Steinerner Beweis ist der 56 m hohe, schiefe *Glockenturm (18 Euro, Vorverkauf (19 Euro) unter www.opapisa.it wegen beschränkter Besucherzahl ratsam, keine Kinder unter 8 Jahren)* mit 294 Stufen und den zahllosen Säulen der Fassade. Kurz nach Baubeginn 1173 gab der Boden nach. Man versuchte, die Neigung durch Krüm-

mung auszugleichen – vergeblich. Inzwischen ist es gelungen, weiteres Einsinken zu stoppen.

Der 1118 geweihte *Dom (Eintritt frei)* in Form eines lateinischen Kreuzes ist das Meisterwerk pisanisch-romanischer Architektur. Spektakulär die Fassade mit vier Galerien feingliedriger Marmorsäulen, die Bronzetüren vorne und hinten mit Szenen aus dem Neuen Testament sowie die ovale Kuppel. Sie ist im Inneren mit byzantinischen Mosaiken geschmückt. Bemerkenswert sind auch die zweifarbigen Spitzbögen, die beidseitig das Langhaus durchziehen, die gotische Kanzel von Giovanni Pisano (1301–1311) mit szenischen Reliefs, das Grabmal des deutschen Kaisers Heinrich VII. sowie der Bronzeleuchter, mit dessen Hilfe Galileo Galilei dem Geheimnis der Pendelbewegung auf die Spur gekommen sein soll.

Die Fassade des *Baptisteriums (5 Euro)* von 1152 gegenüber hat dieselben Blendarkaden und Säulengalerien wie der Dom. Im prächtigen Inneren bestechen das Taufbecken (1246), der Altar mit Einlegearbeiten und die sechseckige Kanzel von Nicola Pisano als erstes Beispiel gotischer Bildhauerei in Italien.

Vervollständigt wird das Marmorensemble auf rasengrünem Grund vom *Campo-*

---

santo (5 Euro), dem monumentalen Friedhof innerhalb rechteckiger Mauern. Die spätantiken Sarkophage waren anfangs rings um den Dom aufgestellt und wurden als Gräber benutzt. Die Wandfresken wurden im Zweiten Weltkrieg beschädigt. Erhalten blieb der restaurierte Freskenzyklus von Buonamico Buffalmacco aus dem 14. Jh. mit den Episoden Triumph des Todes, Jüngstes Gericht und Leben der Eremiten. Öffnungszeiten für alle vier Monumente: *März–Okt. tgl. 10–19, Turm 9–19, Nov.–Feb. 10–17 (Dom 10–13 und 14–17) Uhr.* Wer mehrere der Monumente besichtigen will, sollte eine der verbilligten Sammelkarten erwerben *(www.opapisa.it).*

MURALE DI PISA

Hier beweist die Stadt, dass sie nicht in ihrer Geschichte gefangen ist: 1989 gab sie Keith Haring den Auftrag, die Mauer des Convento Sant'Antonio beim Bahnhof mit seinen typischen Strichzeichnungen zu schmücken. *Via Riccardo Zandonai*

MUSEO NAZIONALE DI SAN MATTEO

Das ehemalige Benediktinerkloster am Arnoufer beherbergt mehr als 200 Tafelbilder der Pisaner Schule und einen Flügelaltar (1321) von Simone Martini. *Di–Sa 8.30–19, So 8.30–13 Uhr | 5 Euro | Piazza San Matteo in Soarta 1*

ORTO BOTANICO

Ein wunderbarer Ort für eine Verschnaufpause! Der Botanische Garten, einer der weltweit ältesten, wurde 1543 angelegt, damit die medizinische Fakultät Heilpflanzen für Lehrzwecke hatte. *Mo–Fr 8.30–17.30, Sa 8.30–13 Uhr | 2,50 Euro | Via Luca Ghini 5*

PIAZZA DEI CAVALIERI

Sieben Gassen münden auf den hochherrschaftlichen Platz, der im Mittelalter das Zentrum der weltlichen Macht war. Eindrucksvoll der mit Sgraffitomalerei geschmückte *Palazzo dei Cavalieri,* 1562 radikal von Giorgio Vasari umgestaltet und heute Sitz der Eliteuni Scuola Normale

Das berühmteste Detail in Pisas Dom: die achteckige gotische Kanzel von Giovanni Pisano

PISA

Superiore. Der *Palazzo dell'Orologio* (Uhrenpalast) daneben entstand 1605 aus zwei verfallenen Türmen.

SANTA MARIA DELLA SPINA

Der steingewordene Reliquienschrein für einen Dorn *(spina)* der Christuskrone war 1230 auf dem Kiesbett des Arno errichtet worden. 1871 wurde das Kirchlein umgesetzt – der Arno war ihm zu nahe gekommen. Der Bau mit seinen Statuen, Spitztürmchen und Giebel ist ein herrliches Beispiel für gotische Architektur. *März–Okt. Di–So 10–14, April–Sept. Di–Fr auch 15–18, Sa/So auch 15–19 Uhr | 2 Euro | Lungarno Gambacorti*

ESSEN & TRINKEN

ANTICA TRATTORIA IL CAMPANO

Treffpunkt für Einheimische im Gassengewirr der Altstadt mit toskanischen Gerich-

ten. *Do–Mittag und Mi geschl. | Via Domenico Cavalca 19 | Tel. 0 50 58 05 85 | www.ilcampano.com | €€*

OSTERIA DEI CAVALIERI
Herzliche Atmosphäre und wohlschmeckende Gerichte auf halbem Weg zwischen Campo dei Miracoli und Piazza dei Cavalieri. *Sa–Mittag und So geschl. | Via San Frediano 16 | Tel. 0 50 58 08 58 | www.osteriacavalieri.pisa.it | €€*

INSIDER TIPP **IL GELATO – QUALITÀ NATURALE**
Kennern verraten die dicht verschlossenen Eiskübel: Hier sind sie richtig. Denn nur so kann auf Konservierungsstoffe verzichtet werden. Biozutaten und gewagte Sorten (Biereis!) bestätigen diesen Eindruck. *Mo geschl. | Lungarno Gambacorti 13*

EINKAUFEN

MERCATO DELLE VETTOVAGLIE
Der Lebensmittelmarkt auf der viereckigen Piazza mit den ockergelben Häusern ist eine Institution. *Mo–Sa vormittags | Piazza delle Vettovaglie*

PASTICCERIA SALZA
Am Borgo Stretto häufen sich die eleganten Fachgeschäfte; die süßen Versuchungen der traditionsreichen Konditorei in Nr. 46 sind ein Muss. *Mo geschl.*

FREIZEIT & SPORT

RAD FAHREN
Zweiräder sind das klügste Fortbewegungsmittel in den Gassen oder auf der Arnouferstraße; auch Tandems und Fahrradrikschas sind im Angebot. *Ab 14 Euro/ Tag | Via Uguccione della Faggiola 41 | Tel. 33 32 60 21 52 | www.ecovoyager.it*

INSIDER TIPP **WALKING IN PISA**
Von März bis Oktober organisieren Stadtführer dreimal wöchentlich eine zweistündige Schnuppertour durchs Zentrum – Mo und Sa auch auf Englisch, Do auf Deutsch. *Treffpunkt 15 Uhr Piazza XX Settembre | 12 Euro*

Populärer Pausenplatz in Pisa: Die Pasticceria Salza ist ein Klassiker

AM ABEND

INSIDER TIPP ▶ SUNSET-CAFÉ

Beachbar in *Marina di Pisa* (15 km). Getränke und Fingerfood am Strand, dazu am Wochenende Jazz oder DJ-Musik. *Sommer tgl. 18–2 Uhr | Via Litoranea 40a | gegenüber vom Camping Internazionale | www.sunset-cafe.it*

ENOTECA VICOLO DIVINO

Sommelière Martina hat sich auf kleine Anbaugebiete spezialisiert. Dazu werden *panini* sowie Käse- und Wurstplatten gereicht. *So geschl. | Via Filippo Serafini 10 | www.vicolodivino.it*

ÜBERNACHTEN

BED & BREAKFAST SAN MICHELE

Fabrizio und Lucia sorgen dafür, dass Sie sich in ihrem einfachen B & B mit Garten mitten in der Altstadt rundherum wohlfühlen. *3 Zi. | Via Cosimo Ridolfi 24 | Tel. 0 50 57 02 67 | www.bedandbreakfastsanmichele.com | €*

VILLA DI CORLIANO

Zwar sind die elf Zimmer in der schon etwas heruntergekommenen Renaissancevilla mit Park 11 km nördlich in Rigoli eher simpel, doch das wird durch die freskenbemalten Gemeinschaftszimmer wieder wettgemacht. *Strada Statale Abetone 50 | Tel. 34 79 06 72 86 | www.villacorliano.it | €*

AUSKUNFT

Piazza Vittorio Emanuele II 16 | Tel. 05 04 22 91 | www.pisaunicaterra.it

ZIELE IN DER UMGEBUNG

INSIDER TIPP ▶ BASILICA DI SAN PIERO A GRADO (148 A2) (*ωJ D8*)

Petrus soll an der Stelle 5 km westlich, wo die dreischiffige Basilika im 11. Jh. fer-

BÜCHER & FILME

La Vita è bella – Der Film von 1997 erzählt die Geschichte einer jüdischen Familie aus Arezzo, die im Zweiten Weltkrieg in einem italienischen Konzentrationslager landet. Hauptdarsteller und Regisseur Roberto Benigni versucht seinen kleinen Sohn durch Phantasiegeschichten vom Grauen abzulenken

Die Nacht der schwarzen Rosen – Als Strafverteidiger hatte der florentinische Autor Nino Filastò jahrelang mit Betrug, Mord, Drogenhandel und den nervenaufreibenden Mechanismen des italienischen Justizapparats zu tun. Wohl aus diesem Grund sind seine Avvocato-Scalzi-Romane über die dunkle Seite der heutigen Toskana derart überzeugend

Das Vermächtnis – Mit seinem Erstlingswerk bleibt Richard Surface nicht nur an der Oberfläche. Geschickt verbindet er in dem Kunstthriller Florenz mit London, Pistoia mit Lech am See, Lucca mit München

Hannibal – Mit Anthony Hopkins als Hannibal Lecter, der in der Bibliothek des Palazzo Vecchio arbeitet, hat Regisseur Ridley Scott im Jahr 2000 die Fortsetzung vom „Schweigen der Lämmer" in Florenz in Szene gesetzt

tiggestellt wurde, erstmals italienischen Boden betreten haben. Die Wände des Mittelschiffs sind im Innern mit herrlichen Fresken dekoriert. Unterm Altarbaldachin (14. Jh.) sind Reste der ursprünglichen Kirche und eines römischen Bauwerks zu sehen. *Tgl. 9–17, im Sommer bis 18.30 Uhr | Via Vecchia di Marina 5*

CERTOSA DI PISA (148 C2) (*₥ E8*)

10 km östlich liegt bei Calci eine der größten Klosteranlagen der Toskana. Ein Teil des Kartäuserklosters aus dem 14. Jh. wird als Natur- und Heimatkundemuseum genutzt. Beachtlich ist die Abteilung für Süßwasserfische aus der ganzen Welt. *Juni–Aug. tgl. 10–19.45, März–Mai und Sept. Mo–Fr 9–16.45, Sa/So 10–18.45, Okt.–Feb. Mo–Fr 9–15.45, Sa/So 10–18.45 Uhr | 7 Euro | Via Roma 79*

PARCO REGIONALE DI MIGLIARINO, SAN ROSSORE, MASSACIUCCOLI

(144 A–B 5–6, 148 A–B 1–3) (*₥ D7–9*)
Der 230 km² große Naturschutzpark vor den Toren von Pisa ist ein Mosaik aus unterschiedlichen ökologischen Systemen, das sich die Küste zwischen Livorno und Viareggio entlangzieht. Besonders beliebt ist der Teil des ehemaligen königlichen Landguts Tenuta di San Rossore, ein Marschland mit Pinienhainen, Macchia und Feuchtgebieten im Mündungsgebiet zwischen Arno und Serchio. Sie können es auf Rundwegen zu Fuß, per Rad oder Kutsche erkunden. Ausgangspunkt ist das Gästehaus *La Sterpaia,* wo Sie Infomaterial und Parkprodukte bekommen. Den ausgeschilderten *Parkeingang (Sommer tgl. 8–19.30, Winter 8–17.30 Uhr | Eintritt frei)* am Ende des Viale delle Cascine erreichen Sie über die Via Aurelia Nord (SS 1). Ein großer Teil des Parkgebiets ist nur mit kostenpflichtiger Führung zugänglich. Information und Reservierung im Besucherzentrum *Centro Visite San Rossore (Cascine Vecchie | Tel. 0 50 53 01 01 | www.parcosanrossore. org).*

PONTEDERA (149 D2) (*₥ F8*)

Die Vespa, der legendäre Motorroller aus dem 25 km östlich gelegenen Pontedera,

In Pontedera finden Fans ein Museum nur für den schnittigen Kultroller

ist Synonym für italienische Lebensart. Im Werksmuseum ● *Museo Piaggio (Di–Fr 10–18, Sa 10–13 und 14–18 Uhr | Eintritt frei | Viale Rinaldo Piaggio 7 | www. museopiaggio.it)* wird sein Siegeszug mit Originalmodellen dokumentiert. 15 km weiter südöstlich finden Sie im *Borgo di Colleoli Resort (66 Apartments und 12 Zi. | Via San Bartolomeo 6 | Tel. 39 25 40 07 40 | www.borgocolleoli.com | €€)* in einem liebevoll renovierten Weiler eine intakte Toskana.

ERLEBNISTOUREN

1

DIE TOSKANA PERFEKT IM ÜBERBLICK

START: ❶ Pisa
ZIEL: ⑳ Livorno

10 Tage
reine Fahrzeit
14–24 Stunden

Strecke:
➡ **rund 940 km**

KOSTEN: 1500 Euro–2500 Euro/2 Personen (Benzin, Unterkunft, Essen, Eintritte)

MITNEHMEN: Badesachen

ACHTUNG: Die Innenstädte sind in der Regel für den Privatverkehr gesperrt, halten Sie rechtzeitig nach Parkplätzen Ausschau.
Viele Kirchen sind über Mittag geschlossen.
Für die Piero-della-Francesca-Fresken in Arezzo ist eine Kartenvorbestellung obligatorisch: *www.pierodellafrancesca-ticketoffice.it*

Jeder Zipfel dieser Erde hat seine eigene Schönheit. Wenn Sie Lust haben, die einzigartigen Besonderheiten dieser Region zu entdecken, wenn Sie tolle Tipps für lohnende Stopps, atemberaubende Orte, ausgewählte Restaurants oder typische Aktivitäten bekommen wollen, dann sind diese maßgeschneiderten Erlebnistouren genau das Richtige für Sie. Machen Sie sich auf den Weg und folgen Sie den Spuren der MARCO POLO Autoren – ganz bequem und mit der digitalen Routenführung, die Sie sich über den QR-Code auf S. 2/3 oder die URL in der Fußzeile zu jeder Tour downloaden können.

Kunstgenuss, Badevergnügen, Schlaraffenland, Naturerlebnis: Die Toskana bietet bzw. ist all das – und das fast überall. Eine „perfekte" Route gibt es also nicht. Wir versuchen es trotzdem – wohl wissend, dass unzählige weitere Reiseziele auf der Liste stehen müssten.

Beginnen Sie mit einer Portion Hochkultur in ➊ **Pisa** → S. 96 auf dem „Wunderfeld" rund um den Schiefen Turm und in der mittelalterlichen Altstadt. Nach einem lukullischen Stopp, z. B. in der **Pasticceria Salza**, ist noch Zeit für die Fahrt nach ➋ **Viareggio** → S. 95, um an der

prachtvollen Meerpromenade den Sonnenuntergang zu genießen.

TAG 2

31 km

3 Lucca

33 km

4 Montecatini

Ein kurzes Autobahnstück trennt Viareggio von 3 Lucca → S. 84, für das Sie einen halben Tag einplanen sollten, um einen Eindruck von dieser liebenswerten Stadt zu bekommen. Einen guten Überblick haben Sie von der Plattform der **Torre Guinigi** in der Via Sant'Andrea. Dort liegen Ihnen Stadt und Umland zu Füßen. **Am Nachmittag geht es weiter ins elegante 4 Montecatini → S. 46** mit Kurpark und prunkvollen Thermen, allen voran das **Stabilimento Tettuccio**. Lassen Sie sich hier einen Hauch Belle Époque um die Nase wehen!

Tags darauf locken zwei Städte, die unverdient im Schatten der Nachbarstadt Florenz stehen: ❺ **Pistoia → S. 44**, wo der Bummel durch die schöne Altstadt mit zahlreichen Geschäften Vergnügen pur ist, und – nach einem Light Lunch im **I Salaioli** – die Textilstadt ❻ **Prato → S. 48**. Dort verbirgt sich hinter dicken Mauern ein wahres Schmuckkästchen. Ausklingen tut der Tag angenehm im Restaurant **La Limonaia**.

Für ❼ **Florenz → S. 33** sollten Sie einen ganzen Tag ansetzen. Dann haben Sie genügend Zeit, um sich nach dem obligatorischen Kulturprogramm durch die Gassen treiben zu lassen und die Atmosphäre aufzusaugen. Stecken Sie Ihre Nase ab und zu in die Werkstatt von Kunsthandwerkern rund um Santo Spirito und Santa Croce. Schließlich hat deren Zunft die Arnostadt groß und reich gemacht. **Machen Sie sich noch am Abend auf in Richtung ❽ Greve in Chianti → S. 65. Kurz davor finden Sie an der SR 222 bei km 18,5** den behaglichen *agriturismo* **Corte di Valle** *(16 Zi. | Tel. 0 55 85 39 39 | www.cortedivalle.it | €)*, wo man auch Safran anbaut.

Im Chiantigebiet zwischen Florenz und Siena laden viele Orte zu einem Stopp ein. Geben Sie der Versuchung nicht zu oft nach, denn **jenseits der Schnellstraße Florenz–Siena** warten das mittelalterliche Manhattan ❾ **San Gimignano → S. 68** und die auf porösem Tuffstein erbaute Etruskerstadt ❿ **Volterra → S. 68** mit der weltberühmten „Abendschatten"-Skulptur.

Der nächsten Etappe ⓫ **Siena → S. 60**, einem Wunder aus ziegelrotem Stein und mittelalterlichem Ambiente, sollten Sie einen ganzen Tag widmen. Und versäumen Sie nicht, sich vor der Abfahrt im **Consorzio Agrario** mit lokalen Spezialitäten zu versorgen!

Im 90 km entfernten ⓬ Arezzo → S. 52 locken die berühmten Fresken von Piero della Francesca. Anschließend können Sie den Kulturgenuss an einem Restauranttisch an der Piazza Grande mit ihrem wunderbaren Flair noch einmal Revue passieren lassen, bevor Sie nach ⓭ **Poppi → S. 59** ins grüne Hochtal Casentino weiterfahren. Im Resort **I Tre Baroni** *(24 Zi. | Via di Camaldoli 52 | Tel. 05 75 55 62 04 | www.itrebaroni.it | €–€€€)* haben Sie beim Abendessen ein Etappenziel vom Tag darauf schon vor Augen: die Märchenburg von Poppi.

TAG 3

16 km

❺ Pistoia

23 km

❻ Prato

TAG 4

24 km

❼ Florenz

33 km

❽ Greve in Chianti

TAG 5

45 km

❾ San Gimignano

30 km

❿ Volterra

TAG 6

52 km

⓫ Siena

TAG 7

90 km

⓬ Arezzo

38 km

⓭ Poppi

TAG 8

88 km

⑭ Cortona

58 km

⑮ Monte Oliveto Maggiore

22 km

⑯ Montalcino

TAG 9

72 km

⑰ Sorano, Sovana und Pitigliano

TAG 10

127 km

⑱ Castiglione della Pescaia

44 km

⑲ Massa Marittima

108 km

⑳ Livorno

Nach einem Rundgang durch die Burg bietet sich das Etruskerstädtchen ⑭ **Cortona → S. 58** für eine ausgedehnte Mittagspause an. **Danach geht es über Asciano mitten durch die hügelige Traumlandschaft der Crete.** Ein Stopp lohnt an der mächtigen Abtei ⑮ **Monte Oliveto Maggiore → S. 64**. Tagesziel ist die Weinstadt ⑯ **Montalcino → S. 66**, wo es in jedem Winkel nach Brunello duftet.

Mit dem Besuch von ⑰ **Sorano, Sovana und Pitigliano → S. 78** steht dieser Tag ganz im Zeichen der Etrusker. Selbst Goldschmiedin Silvia Lombardelli aus Sovana in ihrem Werkstattladen **Arte Etrusca** (*Via Duomo 24*) hat sich deren Kunst zum Vorbild genommen. Von den Eindrücken erholen Sie sich abends am INSIDER TIPP **Biopool** vom *agriturismo* **Sant'Egle** (*6 Zi. | Via di Case Sparse Sant'Egle 18 | Tel. 34 88 88 48 10 | agriturismobiologicotoscana.it | €€*) **bei Sorano.**

Heute fahren Sie zur Maremmaküste mit dem bezaubernden ⑱ **Castiglione della Pescaia → S. 74**. Setzen Sie sich nach dem Stadtrundgang mit einem Eis an den Kai und gönnen sich dann – wenn das Wetter danach ist – ein Bad im Meer. Freie Strände gibt es jenseits der Hafenbrücke. Am Nachmittag steht das mittelalterliche Gesamtkunstwerk ⑲ **Massa Marittima → S. 75** auf dem Programm. Beim Bummel durch das Städtchen sehen Sie in der Ferne schon wieder das Meer blitzen. **Die letzte Etappe bis zur Hafenstadt ⑳ Livorno → S. 79**, wo die Toskana ihr modernes Gesicht zeigt, ist dann nur noch knapp 110 km lang.

② AUF DEN SPUREN VON PIERO DELLA FRANCESCA

START: ① **Arezzo** **ZIEL:** ① **Arezzo**	**8 Stunden** reine Fahrzeit 2 Stunden

Strecke:
⬌ **rund 85 km**

KOSTEN: Fresken in Arezzo und Museum in Sansepolcro je 8 Euro, Museum in Monterchi 5,50 Euro

ACHTUNG: Für die Piero-della-Francesca-Fresken in Arezzo ist eine Kartenvorbestellung obligatorisch: *www.pierodellafrancesca-ticketoffice.it*

Die Malerei war seine Berufung, die Mathematik seine Leidenschaft: Der Toskaner Piero della Francesca (1420–1492) legte großen Wert auf den streng geometrischen Aufbau seiner Bilder sowie die naturalistische Gestaltung von Figur, Landschaft und Licht. Das revolutionierte die Kunst. Einige seiner Hauptwerke befinden sich in Arezzo, in seiner Heimatstadt Sansepolcro und im Geburtsort seiner Mutter, Monterchi.

Sie starten in ❶ Arezzo → S. 52. Lassen Sie den Wagen auf dem Parkplatz an der Via Pietri 37 und fahren Sie mit der Rolltreppe hinauf zum Dom → S. 54. Im linken Seitenschiff schaut neben der Tür zur Sakristei seine elegante und anmutige Maria Magdalena auf Sie hinunter.

Vom Dom sind es 500 m bis zur Basilika San Francesco → S. 54. Dort schuf der Künstler eines der schönsten

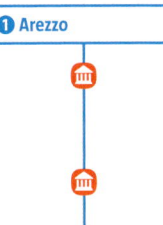

❶ Arezzo

Wandgemälde der europäischen Kunstgeschichte, den zehnteiligen Freskenzyklus „Legende vom Heiligen Kreuz". Fast zehn Jahre arbeitete er an der 300 m² großen Bildergeschichte und verlegte dabei das Geschehen vom Heiligen Land in seine Zeit und seine toskanische Heimat: Arezzo wurde zu Jerusalem, die toskanische Landschaft zu biblischen Gefilden und die Königin von Saba zur Edeldame der Renaissance.

Ein Jahrzehnt lang malte Piero della Francesca an den Fresken im Chor von San Francesco

31 km

Nächste Station ist das Dorf ❷ Monterchi mit dem Gemälde der Madonna del Parto. **Nehmen Sie am Ortsausgang von Arezzo die SS 73 in Richtung Sansepolcro. Kurz nachdem das vierspurige Teilstück zu Ende ist, geht in Le Ville rechts eine Straße zum 3 km entfernten Städtchen ab. Unterhalb des mittelalterlichen Ortskerns auf einer Anhöhe weist Ihnen ein braunes Schild rechts den Weg zum** Museum *(Mi–Mo, April–Okt. tgl. 9–13 und 14–17, April–Okt. bis 19 Uhr | Via Reglia 1)* an der Stadtmauer. Es wurde extra für das Bild mit der von zwei schützenden Engeln flankierten Madonna gebaut, die dem toskanischen Bauernalltag abgeschaut zu sein scheint. Ursprünglich befand es sich in der Friedhofskapelle am Ortsrand und Frauen beteten davor um Nachwuchs. Zum ersten Mal überhaupt war die Muttergottes als Schwangere gemalt worden. „Unmoralisch!", giftete die Kirche. Sie wollte Maria als jungfräuliche Himmelskönigin dargestellt sehen und nicht als irdisches Wesen mit gewölbtem Bauch. Man nimmt an, dass dies der Grund ist, warum der wohl genialste Maler der Frührenaissance bis ins 20. Jh. regelrecht totgeschwiegen wurde.

Von den rückwärtigen Fenstern des Museums schauen Sie genau auf jene Landschaft, deren Zypressenreihen, Weiler und Flussläufe immer wieder als Hintergrund beim Maler auftauchen. Falls Sie zur Mittagszeit in Monterchi eintref-

fen, können Sie die Wartezeit bis zur Nachmittagsöffnung bei guter toskanischer Hausmannskost in der **Vecchia Osteria** *(Di geschl. | Via dell'Ospedale 16 | Tel. 0 57 57 01 21 | €€)* **links oberhalb des Museums** überbrücken.

Letzte Station ist die Geburtsstadt des Malers, ❸ **Sansepolcro → S. 59**. **Unten an der Straße geht es am nördlichen Ortsausgang von Monterchi rechts. Folgen Sie dem Straßenverlauf, biegen Sie an der SS 73 erneut nach rechts ab und achten Sie hinter der Schnellstraßenbrücke auf das Schild „Centro".** Am baumbestandenen Viale Armando Diaz gibt es kostenlose Parkmöglichkeiten. Gehen Sie vor der Stadtmauer nach links bis zur Via Aggiunti und biegen dann nach rechts. **In Hausnummer 65** befindet sich das **Museo Civico Sansepolcro** *(Mitte Juni–Mitte Sept. tgl. 9.30–13.30 und 14.30–19, Mitte Sept.–Mitte Juni 9.30–13 und 14.30–18 Uhr | www.museocivicosansepolcro.it)* mit vier Bildern des Künstlers: die sogenannte Schutzmantelmadonna sowie drei Wandbilder, darunter das schönste Renaissancebild überhaupt, wie der Schriftsteller Aldous Huxley meinte: die „Auferstehung Jesu". Auf dem Fresko entsteigt der vom Tod gezeichnete Gottessohn, unbemerkt von den Wächtern, seinem Grab. Der **INSIDER TIPP** diagonale Bildaufbau gibt im Hintergrund der Landschaft Tiefe, im Vordergrund erhalten die Figuren durch den klugen Einsatz von Licht Plastizität. Wer nicht schon in Monterchi gegessen hat: **Ein paar Häuser weiter, in Hausnummer 83,** gibt es das viel gelobte Restaurant **Al Coccio** *(Di geschl. | Tel. 05 75 74 14 68 | www.alcoccio.com | €€)*.

Neben dem Museum geht es in den mittelalterlichen Ortskern. Linker Hand erreichen Sie über die Via della Fonte das **Wohnhaus des Malers**. Nach einem verheerenden Brand sind vom ursprünglichen Gebäude nur noch Treppe und Brunnen im Eingangsbereich erhalten. Wenn noch Zeit ist, lassen Sie sich durch den hübschen Ortskern treiben und genießen Sie die beschwingte Gemächlichkeit dieser Kleinstadt mit vielen Läden und netten Bars.

Für den Rückweg nach Arezzo brauchen Sie etwa eine Stunde. Wer unterwegs schon Hunger bekommt: **An der Strecke liegt die** ❹ **Locanda al Castello di Sorci** *(Mo geschl. | Ortsteil San Lorenzo 25 | Tel. 05 75 78 90 66 | www.castellodisorci.it | €–€€)*, wo es nur frische Tagesgerichte gibt. **Von hier geht es dann auf bekannter Strecke zurück nach** ❶ **Arezzo**.

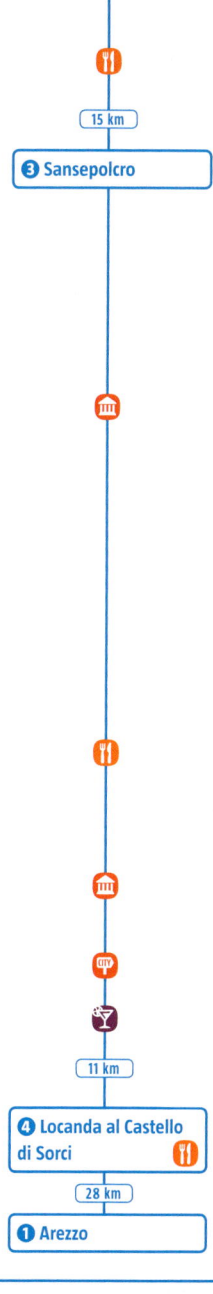

15 km

❸ Sansepolcro

11 km

❹ Locanda al Castello di Sorci

28 km

❶ Arezzo

3 WANDERUNG ZUM MONTE SAGRO IN DEN MARMORBERGEN

START: ❶ Rifugio Carrara **ZIEL:** ❶ Rifugio Carrara	**1 Tag** reine Gehzeit 4–5 Stunden
Strecke: mittel 🎒 **10 km** 📶 **Höhenmeter: 500 m**	

MITNEHMEN: Gutes Schuhwerk, Sonnen- und Regenschutz, Tagesproviant, Wasserflasche, eventuell Wanderstöcke

ACHTUNG: Anfahrt zum Parkplatz am Ausgangspunkt auf der SP 59 Carrara–Campo Cecina. An Sommersonntagen außerdem um 9.30 Uhr direkte ATN-Busverbindung (Linie 39 ab Busbahnhof Piazza Sacco e Vanzetti in Carrara, Fahrplan: *www.atnsrl.it,* Stichwort Orari Linee Carrara, Linea 39).
Bergerfahrung ist empfehlenswert, denn das Schlussstück ist recht steil.

Der Name Carrara steht weltweit für den begehrten weißen Stein. Kaum ein Land, wo nicht wenigstens ein Monument oder eine Hotelhalle aus dem blendend weißen Gestein steht, das seit der Zeit der Römer in den Apuanischen Alpen abgebaut wird. Auch Künstler wie Michelangelo versorgten sich im Nordwesten der Toskana mit Material für ihre Skulpturen. Das lediglich 100 km² große, zerklüftete Karstgebirge, das sich fast 2000 m hoch erhebt, ist auch ein Wanderparadies.

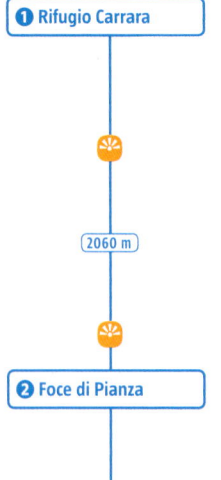

❶ Rifugio Carrara

2060 m

❷ Foce di Pianza

Ausgangspunkt der Wanderung ist die ganzjährig geöffnete Berghütte des Italienischen Alpenvereins ❶ **Rifugio Carrara** *(Tel. 05 85 84 19 72)* auf 1320 m. **Zunächst bringt Sie der markierte Wanderweg 173 über eine Almwiese, vorbei an Überbleibseln alter Schäferbehausungen, in einen schattigen Buchenwald. Auf der Nordseite des Monte Borla kommen Sie auf ein Geröllfeld.** Hier genießen Sie ein Postkartenpanorama mit der Berglandschaft der Lunigiana im Norden, die von der Felskathedrale des Pizzo d'Uccello beherrscht wird.

In der Senke zwischen Monte Borla und Monte Sagro tauchen erste Steinbrüche auf. **Wenn Sie die Höhe halten, erreichen Sie südwärts den Pass ❷ Foce di Pianza** (1289 m). Dank der Marmorstraße, auf der Lastwagen die schweren Blöcke ins Tal transportieren, kann man auch mit dem Auto bis hierher fahren. Hier oben liegen Ihnen der Golf von La Spezia und das größte Marmorabbaugebiet der Welt zu Füßen. Allein im Hinterland von Carrara sind 85 Steinbrüche in Betrieb, 185 sind es in den gesamten Apuanischen Alpen. Einige wirken aus der Ferne wie trutzige Felsburgen, andere wie kubistisch zerklüftete Arenen. Früher wurden die Steine mit Drahtseilen aus dem Berg geschnitten. Sand und Wasser waren dafür nötig, was die vielen rostigen Tanks erklärt, die überall herumstehen.

Vom Pass Foce di Pianza geht es auf dem Wanderweg 172 weiter, zuerst über einen breiten Grat und anschließend links in den Hang. Dort sind noch Schützengräben zu erkennen, Reste der sogenannten Gotenlinie, mit der die deutschen Truppen im Zweiten Weltkrieg ihren Rückzug deckten. **Eine halbe Stunde später erreichen Sie den Pass ❸ Foce della Faggiola** (1464 m). Von dort schauen Sie aufs Marmordorf Colonnata, dessen Namen man heute vor allem mit dem exquisiten Speck assoziiert, der hier in marmornen Behältern heranreift. Früher holte sich Michelangelo dort den Marmor.

Trittsicher sollten Sie sein im schroffen Karst der Apuanischen Alpen

1460 m

❸ Foce della Faggiola

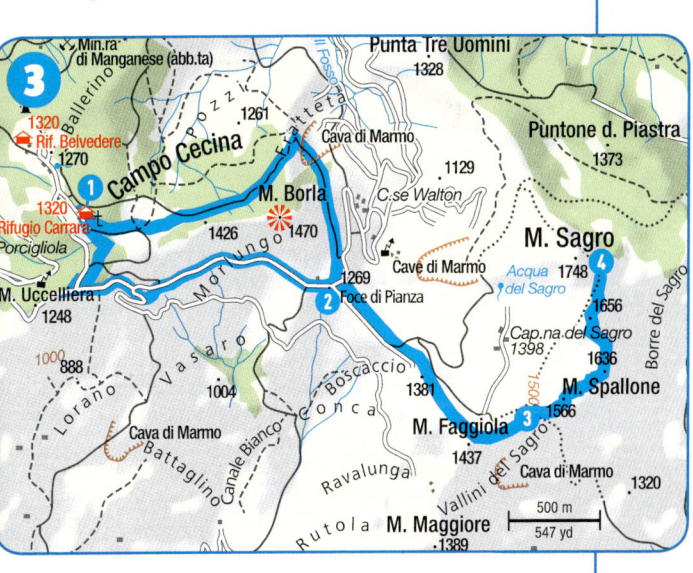

111

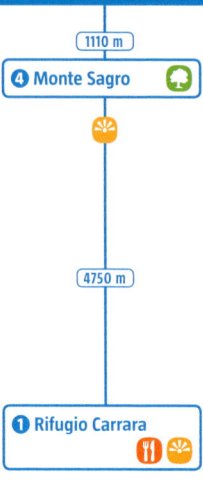

1110 m

4 Monte Sagro

4750 m

1 Rifugio Carrara

Die letzte Etappe zum Gipfelkreuz des **4 Monte Sagro** auf **1750 m ist blau markiert. Anfangs führt der Weg über eine baumlose Hangwiese, hinter der Nordwestkante wird es steiler.** Als Belohnung schauen Sie von der Aussichtskanzel im Westen aufs Meer und im Osten in eine endlose Wellenlandschaft aus Fels und Wald, in der sich hier und da ein Bergdorf an einen Gipfel klammert. Der Ort direkt unterhalb ist Vinca, wo 1944 deutsche SS-Soldaten bei einem Rachefeldzug wüteten.

Zurück geht es auf demselben Weg bis zum Pianzapass. Statt hier rechts durch den Buchenwald zur Berghütte zurückzulaufen, wandern Sie ca. 2 km auf der breiten Marmorstraße entlang. Dann biegt rechts ein schmaler Waldweg ab, der sie zum 1 Rifugio Carrara zurückbringt, wo Sie nun *panini* und Pasta bekommen. Von der Aussichtsterrasse sieht man bei gutem Wetter bis nach Korsika.

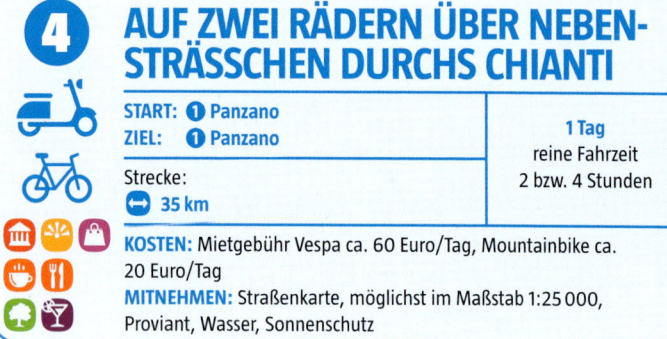

4 AUF ZWEI RÄDERN ÜBER NEBEN-STRÄSSCHEN DURCHS CHIANTI

START: **1 Panzano**
ZIEL: **1 Panzano**

1 Tag
reine Fahrzeit
2 bzw. 4 Stunden

Strecke:
35 km

KOSTEN: Mietgebühr Vespa ca. 60 Euro/Tag, Mountainbike ca. 20 Euro/Tag
MITNEHMEN: Straßenkarte, möglichst im Maßstab 1:25 000, Proviant, Wasser, Sonnenschutz

Strade bianche („weiße", also nicht asphaltierte Straßen) bildeten jahrhundertelang oft die einzige Verbindung zu abgelegenen Dörfern und Weingütern. Sie führen meist über Hügelkämme und sind von Zypressen flankiert, damit man sie von Weitem erkennen konnte. Ein Highlight für Landschaftsgenießer ist diese Tour von Panzano zum Weingut Castello di Volpaia und nach Radda in Chianti – und mit der Vespa oder dem Mountainbike spüren Sie Eindrücke wie das Spiel des Lichts auf den Hügeln oder die würzigen Aromen der Natur besonders intensiv.

1 Panzano

2 km

2 Pieve San Leolino

Machen Sie in **1 Panzano** als Erstes einen Schlenker zum Kirchlein **2 Pieve San Leolino** am Ortsrand. Von der Strada Chiantigiana (SR 222) biegen Sie ca. 1 km hinter dem Ort links ab. Der romanische Bau mit malerischem Kreuzgang war schon im Mittelalter Zwischenstopp für Pilger und Gläubige. Kurz davor stoßen Sie auf die **Villa Le Barone**, eine INSIDER TIPP aristokratische Villa mitten in einem Park. In der dazugehörigen Bar bekommen Sie einen Espresso oder Cappuccino.

Bleiben Sie anschließend auf der schmalen Straße in Richtung Norden, bis Sie an eine Kreuzung kommen, wo es links nach Panzano geht. Dort nehmen Sie die Straße rechts nach Montemaggio, die nach wenigen Metern zum Schotterweg wird. Nun können Sie sich nicht mehr vertun. Folgen Sie einfach den weißen Hinweisschildern zum Castello di Volpaia. Anfangs ist der Weg von Zypressen gesäumt. Dann wird die Landschaft wilder, das Unterholz üppiger, mächtige Steineichen und riesige Steinblöcke begrenzen den Weg. Abwechselnd rechts und links öffnen sich Blicke auf die gestaffelte Hügellandschaft, die sich beidseitig bis zum Horizont hinzieht. Kastanienbäume wechseln sich ab mit Fichten und Buchen und im Frühsommer leuchtet gelb der Ginster.

Auf halber Strecke liegt links ein schattiger Rastplatz unter hohen Bäumen, wo Sie Zeit haben, in die Natur zu lauschen. Wenn die Zypressen wieder häufiger werden, sind Sie fast am Ziel. **Hinter einer engen Kurve** taucht unerwartet das hinreißende Dachensemble vom ③ **Castello di**

10 km

③ Castello di Volpaia

Nirgends erleben Sie das Chianti unmittelbarer als auf den nicht asphaltierten *strade bianche*

Volpaia *(Tel. 05 77 73 80 66 | www.volpaia.com)* auf, einem befestigten Weingut aus dem 11. Jh. Die Besitzer haben das nahezu komplett erhaltene mittelalterliche Burgdorf sorgfältig restauriert und zum Leben erweckt.

Auf dem winzigen Dorfplatz zaubert Ihnen Paola Barucci in ihrer **Bar Ucci** *(Mo geschl. | bar-ucci.it)* schmackhafte *panini* mit toskanischen Spezialitäten und in der *enoteca* *(Mai–Okt. Do–Di 10.30–18.30 Uhr)* nebenan gibt es Wein und Olivenöl vom Gut. **Anschließend führt Sie eine asphaltierte Straße vom Dorfplatz weiter nach ❹ Radda in Chianti → S. 65** und damit zurück in die Gegenwart. Nach einem Bummel durch den Ort und einer Erfrischung geht es dann **auf der bekannten Strecke zurück nach ❶ Panzano**.

6 km

❹ Radda in Chianti
16 km
❶ Panzano

---

⑤ ZU DEN ETRUSKERN UND ANS MEER IN DER MAREMMA

START: ❶ Grosseto
ZIEL: ❻ Castiglione della Pescaia

1 Tag
reine Fahrzeit
gut 2 Stunden

Strecke:
➡ **gut 80 km**

KOSTEN: rund 30 Euro/2 Personen (Benzin, Parkgebühren, Museumseintritte)
MITNEHMEN: Badesachen

Angetrieben vom Hunger auf die reichen Bodenschätze der einstigen Sumpfland-schaft im Südwesten der Toskana, gaben sich dort im Lauf der letzten zwei Jahr-tausende wechselnde Herrscher die Klinke in die Hand. Die wahren Herren der Maremma waren allerdings die Etrusker. Sie legten als Erste die Sümpfe trocken, begründeten den Eisenerzabbau und errichteten florierende Siedlungen und ein-drucksvolle Totenstädte.

Beginnen Sie diese Tour daher in ❶ Grosseto → S. 70 im **Archäologischen Museum** mitten im historischen Zent-rum. Es dokumentiert anschaulich die Zeugnisse der etrus-kischen Epoche in der Maremma. **Beim Besuch müssen Sie Ihren Wagen außerhalb der Stadtmauern lassen. Es gibt dort genügend Parkplätze – außer donnerstagvormit-tags, wenn Wochenmarkt ist.** Das Museum mit seinen 40 Sälen auf drei Stockwerken ist für eine Provinzstadt über-raschend groß und beeindruckt mit gut erhaltenen Statu-en, Schmuckstücken und Keramiken wie der Schale *ciotola di bucchero* aus dem 6. Jh. v. Chr., in die etruskische Schrift-zeichen eingraviert sind.

Viele der Fundstücke stammen aus der Etruskerstadt ❷ **Roselle**, die Sie von Grosseto über die Ausfallstraße in Richtung Siena erreichen. Im heutigen Ort erinnert nichts mehr daran, dass hier vor gut zweieinhalb Jahrtau-senden ein mächtiger Stadtstaat florierte. Doch in der gut ausgeschilderten archäologischen Ausgrabungsstätte von **Rusellae** *(tgl. 8.30 Uhr–Einbruch der Dunkelheit)* spazie-ren Sie dann vorbei an den Resten etruskischer Wohnhäu-

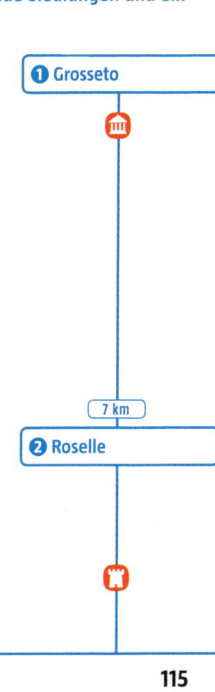

❶ Grosseto

7 km

❷ Roselle

ser, Werkstätten und öffentlicher Gebäude und durch das später errichtete römische Amphitheater. Dort werden an Sommerabenden Konzerte und Theateraufführungen veranstaltet.

In Sichtweite erhebt sich die alte Rivalin Vetluna. Der wohl mächtigste etruskische Stadtstaat war zeitgleich am Ufer des Lago Prile entstanden, eines großen Salzsees, der bis zum 7. Jh. v. Chr. die gesamte Ebene von Grosseto bedeckte. **Nehmen Sie die SP 41 in Richtung Castiglione della Pescaia.** Sie kommen vorbei am Weingut **Mustiaio** (*www.mustiaio.it*), wo Sie ein paar Flaschen Vermentino kaufen können, und am ganzjährig geöffneten **Obst- und Gemüsestand von Landwirt Orlando**.

Am Ende biegen Sie nach links, sofort hinter der Brücke über die SS 1 nach rechts Richtung Buriano und zum Schluss erneut nach rechts ab. Nach knapp 3 km liegt am Wegrand die Trattoria und Bar ❸ **Il Bozzone** (*im Winter Do geschl. | €*), eine Art neuzeitliche Poststation, wo sich die Wege kreuzen: von Bauern aus der Nachbarschaft, durchfahrenden Truckern, Touristen, die noch schnell fürs Abendessen einkaufen, und Jägern, die sich gegenseitig ihr Latein vorbeten. Das `INSIDER TIPP` ▶ typisch maremmanische Tagesmenü dort ist schmackhaft und günstig.

26 km

❸ Il Bozzone

Am Ziel! Castiglione ist der wohl malerischste aller toskanischen Badeorte

Anschließend geht es zunächst nach Grilli, wo links die Straße hinauf nach ④ Vetulonia → S. 79, wie es heute heißt, abgeht. **Gleich am Ortseingang stoßen Sie auf die wichtigsten Ausgrabungsstätten:** Ruinen etruskischer Siedlungen und Totenstädte, leider etwas ungepflegt, dafür gratis zu besichtigen. Werfen Sie im Ort einen Blick ins **Museum**, wo die Grabbeigaben aufbewahrt werden.

Nach so viel etruskischer Kultur haben Sie sicher Lust auf Meer! **Um zur Küste zu kommen, wählen Sie unten in Grilli die Strada Provinciale Strette durch herrliche Olivenhaine und knorrige Wälder in Richtung Castiglione della Pescaia. Nach knapp 10 km geht es rechts ab hinauf nach** ⑤ **Tirli**, einem kleinen Bergdorf mit dem exzellenten Restaurant **Il Cacciatore** *(im Winter Di geschl. | Piazza del Popolo 15 | Tel. 05 64 94 58 20 | €€)*, und **von dort wieder hinunter zur Küstenstraße SP 158.**

Biegen Sie an der Kreuzung von Pian d'Alma links ab, kommen Sie nach ⑥ **Castiglione della Pescaia**. Im wohl malerischsten Badeort der ganzen Toskana kostet die Tagesmiete für einen Schirm und zwei Liegen an der Strandpromenade rund 35 Euro. Da sind die freien Strände am Ortseingang oder hinter der Kaibrücke an der Straße nach Marina di Grosseto vorzuziehen. **Parken Sie am besten im Pinienhain auf der linken Seite, überqueren die Straße und suchen sich zwischen den Häusern den Zugang zum Strand.** Einige Teilstücke müssen Sie tagsüber zwar mit Kitesurfern teilen, doch wenn am Abend die Sonne im Meer versinkt, haben Sie den Strand fast für sich allein.

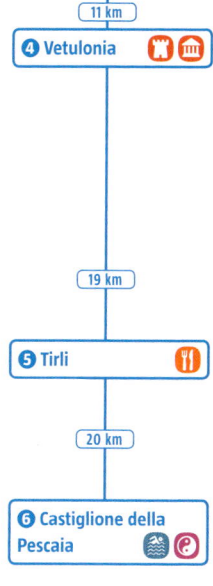

11 km

④ **Vetulonia**

19 km

⑤ **Tirli**

20 km

⑥ **Castiglione della Pescaia**

SPORT & WELLNESS

In der Toskana treiben viele mit Hingabe Sport. Vom umfangreichen Freizeitangebot profitieren auch die Urlauber, ist Aktivurlaub doch die ideale Ergänzung zu Pasta, Wein und Kultur.

GOLF

Engländer haben das Spiel importiert und 1889 bei Florenz den ersten Platz angelegt. Seitdem hat sich die Anzahl der zertifizierten Plätze zwischen Küste und Apennin auf über 30 erhöht. Voraussetzung ist Handicap 36. Viele der schön gestalteten Plätze sind ganzjährig geöffnet, vor allem die vom milden Klima bevorzugten in Küstennähe. Eine Liste mit Adressen finden Sie unter *www.turismo.in toscana.it, Stichwort Golf*.

KLETTERN

Das Kletterparadies Toskana mit 40 ausgewiesenen Klettergebieten – die Insel Elba nicht mitgerechnet – ist außerhalb der lokalen Szene noch wenig bekannt und es kann passieren, dass Sie unter der Woche ganz alleine an der Wand sind. Bei den Kletterspots handelt es sich mal um stillgelegte Steinbrüche, mal um in dichten Wäldern versteckte Sintersäulen oder um schroffe Kalksteinfelsen. Und es ist für jeden etwas dabei: Klettergärten für solche, die es sicher und komfortabel mögen, sowie Routen und Steige mit hohem Schwierigkeitsgrad, an denen Fortgeschrittene ihr Können messen dürfen. Viele befinden sich in den Apuanischen Alpen, oberhalb der Versilia, bei Massa

Sportiv im Fahrrad- oder Pferdesattel oder entspannt in den Spas und Bädern der Kurorte: Die Toskana macht mobil

und Carrara. Besonders beliebt sind zudem die roten Kalksteinfelsen bei Monsummano im Apennin und der Felsen aus Konglomeratgestein bei San Vivaldo. In der Regel gibt es in der Nähe Kletterschulen, um unter professioneller Anleitung zu praktizieren.

RADFAHREN

Radfahren ist ein Lieblingssport in der Region. Am Wochenende sind Pulks von Radlern unterwegs, die ihre Beinmuskeln trainieren. Aber die Bedingungen in der oft hügeligen, manchmal bergigen Toskana mit kurvenreichen Landstraßen und schmalen Schotterwegen sind eben auch ideal für sportlich ambitionierte Radfahrer. Das Gleiche gilt für Mountainbiker, die man in der Regel auf den Hochebenen der Apuanischen Alpen, des Apennins oder am Monte Amiata antrifft, nicht immer zur Freude der Naturschützer. Viele Gemeinden haben sich auf die wachsende Nachfrage eingestellt und bieten auf ihren Websites themenbezogene Bikerpakete an. Besonders aktiv sind die Provinz Siena und das Mugello. Unter *www.terresiena.it* und *www.mugellotoscana.it* finden Sie Angaben, wo Sie Räder mieten können und bikerfreundliche Unterkünfte finden. Ein Kuri-

Doch auch in der Garfagnana, im Casentino oder im Orcial, also überall dort, wo es viel unberührte Natur gibt, garantieren *ippovie* – ausgewiesene Pferderouten – Reitern landschaftliche, kulturelle und gastronomische Erlebnisse. Vieler-

Auge in Auge mit dem Zackenbarsch: Taucher vor der toskanischen Küste

osum ist das historische Radrennen *Eroica (www.eroica-ciclismo.it)* im Herbst im Chianti. Mitmachen kann – solange es noch freie Plätze gibt – jeder, vorausgesetzt, er benutzt ein mindestens 20 Jahre altes Fahrrad und auch seine Kleidung ist von gestern.

REITEN

Erprobtes Reiterparadies in der Region ist die Maremma, wo seit jeher eine entsprechende Infrastruktur existiert, denn die Rinderherden im Naturpark der Maremma werden vom Pferderücken aus zusammengehalten. Gute Reiter können die toskanischen Cowboys, die *butteri*, nach Voranmeldung begleiten: *Azienda Agricola Alberese (www.alberese.com)*.

orts bieten Ferienbauernhöfe wie der Reiterhof *Vallebona (www.vallebona.it)* bei Pontassieve mehrtägige Wanderritte an. Sie stellen die Pferde und organisieren Verpflegung sowie Unterkünfte. Für hohe Standards bürgt das Markenzeichen Turismo Equestre, erkennbar an der weißen Windrose auf rotem Grund mit grünem Pferdekopf. Die besten Adressen für Reiterferien in der Toskana finden Sie – leider nur auf Italienisch – auf *www.turismoequestre.com* (Suchwort: „Toscana").

WANDERN

Die Toskana ist Italiens waldreichste Region und steht auch im europäischen Vergleich weit vorne. Da ist es nicht verwunderlich, dass sie von einem dichten Netz von thematischen Wanderwegen – z. B. auf den Spuren des Franz von Assisi – überzogen ist, meist gut gepflegt und vorbildlich gekennzeichnet. Auch die *Via Francigena (www.viefrancigene.org)*, der wohl berühmteste Pilgerweg nach Rom, führt mit einem Dutzend Etappen durch die Toskana; detailliertes Kartenmaterial und ein umfangreiches Adressenverzeichnis finden sich auf der Website. Ideale Wanderzeit ist von Mitte April bis Mitte Juni und dann wieder im September, Oktober. An Wochenenden teilen Sie sich die Wege mit den Italienern, die mittlerweile genauso gerne wandern wie ihre nördlichen Nachbarn. Während der Woche kann es allerdings passieren, dass Sie allein auf weiter Flur sind. An vielen Strecken bieten Ferienbauernhöfe und Bed-&-Breakfast-Pensionen nachhaltige Übernachtungsmöglichkeiten. In fast jedem lokalen Pro-Loco-Auskunftsbüro erhalten Sie gratis detailliertes Kartenmaterial. Im Internet ist insbesondere die Website *www.turismo.intoscana.it* (Suchwort „Trekking") eine gute Informationsquelle. Von April bis November wird zudem ein *Walking Festival (www.tuscanywalkingfestival.it)* mit vielen Veranstaltungen in der ganzen Region organisiert.

WASSERSPORT

Wassersportlern bietet sich an der Küste ein Meer voller Möglichkeiten. Bootsbesitzer können in zahlreichen größeren und kleineren Häfen sowie in natürlichen Buchten vor Anker gehen. Taucher finden vor allem vor der Felsküste des Monte Argentario, vor dem Vorgebirge von Piombino oder an der Küste südlich von Livorno gute Bedingungen. Ansprechpartner sind die Tauchzentren von Porto Santo Stefano, Piombino und Livorno. Natürlich steht an der Küste des Tyrrhenischen Meers der Wind auch günstig für Surfer

und Segler. Man kann nicht nur nur Kurse belegen, sondern auch einen Segelausflug samt Skipper zum Walschutzgebiet Pelagos im Archipel vor der Küste buchen. Infos im Web unter *short.travel/tos1.*

WELLNESS & THERMEN

Gesundes Wasser, um Körper und Seele zu pflegen, lockte bereits die Römer in die Toskana. Zwei Jahrtausende später baute man man im 18. Jh. die antiken Thermen zu eleganten Kurbädern um, wohin sich, wie in Bagni di Lucca oder dem Trinkkurort Montecatini Terme, die Reichen und Mächtigen zurückzogen, um ihr Rheuma zu lindern, den Blutdruck zu senken, die Atemwege frei zu machen oder einfach nur Energie zu tanken. Daraus hat sich in den vergangenen Jahren eine zeitgeistorientierte Wellnessindustrie entwickelt. Der einfache Luft- und Badekurort Equi Terme in den Apuanischen Alpen, die natürliche Felsenhöhle Grotta Giusti bei Pisa, die Outdoorquellen von Bagni di Petriolo, das Thermalbad der Luxusklasse in San Casciano dei Bagni an der Grenze zum Latium und der Klassiker Chianciano Terme, wo man bei entschlackenden Kräutertrinkkuren auch Wohlbefinden tankt, sind nur einige einer langen Liste. Im südtoskanischen Saturnia, wo stetig 37 Grad warmes Wasser aus dem Boden quillt, stinkt es jedoch nach faulen Eiern, da es sich auf seinem Weg an die Oberfläche mit mineralischen Salzen, darunter die schwefligen Sulfate, anreichert. Daneben sind überall zahlreiche private Beautyspas regelrecht aus dem Boden gesprudelt. Sie bieten die gesamte Palette der Wellnessbehandlungen, teils an entlegenen Orten wie die Villa Ferraia bei Monticiano, teils mitten in der Stadt wie das Golden Tower Spa Hotel in Florenz. Einen guten Überblick gibt *www.turismo.intoscana.it/de,* Stichwort Wellness.

MIT KINDERN UNTERWEGS

Der schönste Urlaub für Kinder: Strandurlaub. Die Toskana mit ihren langen Sandstränden und den schattigen Pinienhainen ist da genau richtig. Darüber hinaus weht an vielen Orten die blaue Flagge für sauberes Wasser. Und im Landesinneren liegt auf fast jedem Hügel ein mittelalterlicher Ort, der gut die Vorlage von Tintenherz und Twilight-Saga sein könnte. Die Ferienbauernhöfe bilden dazu das Tüpfelchen auf dem i.

FLORENZ & DER NORDEN

MUSEO CON PERSONAGGI IN MOVIMENTO IN SCARPERIA
(147 D3) (ω K6)
Kesselflicker, Korbflechter, Käsemacher sind nur drei von 65 beweglichen Holzfiguren, die vor einer typisch toskanischen Dorfkulisse veranschaulichen, wie Arbeit und Alltag in der ersten Hälfte des 20. Jhs. im Mugello ausgesehen haben. Ihr Schöpfer ist Faliero Lepri, der *sonntags (Sommer 15.30–18.30, Winter 15–18 Uhr)* und nach Anmeldung für einen freiwilligen Obolus seine kleinen Kunstwerke vorführt. *Ortsteil Sant'Agata | Via Montaccianico | Tel. 05 58 40 67 50*

MUSEO STIBBERT IN FLORENZ ●
(146 C5) (ω J–K7)
Eine Wunderkammer! Der spleenige Engländer Frederick Stibbert stopfte im 19. Jh. seine Villa mit Mitbringseln aus aller Welt voll. Die Märchenburg liegt in einem wunderschönen Park und ist mit der Buslinie 4 vom Bahnhof gut zu erreichen.

Bild: Giardino dei Tarocchi

Viel Platz für Spiel und Spaß: Auch die Kids, ob jünger oder älter, kommen in der Toskana nicht zu kurz

Museum Mo–Mi 10–14, Fr–So 10–18 Uhr, Rundgang in Begleitung jede volle Stunde, Park tgl. 8–19, Winter bis 17 Uhr | Museum 8 Euro, bis 6 Jahre 6 Euro, Park frei | Via Federigo Stibbert 26 | www.museo stibbert.it

PARCO AVVENTURA IL GIGANTE IN VAGLIA (144 C4) (⌖ J6–7)

Auf sieben unterschiedlichen Parcours können Sie in dem Abenteuerpark klettern, skaten und durch Bäume schwingen. Drei Stunden Vergnügen sind garan-

tiert, jede Extrastunde darüber hinaus wird mit 5 Euro berechnet. Helm und Klettergeschirr sind im Preis inbegriffen. *Mai–Sept. tgl. 10–19.30, Okt./Nov. und März/April Sa/So 10–19 Uhr | 18 Euro, Kinder je nach Alter 10–14 Euro | Via Fiorentina 276 | www.parcoavventurailgigante.it*

PARCO DI PINOCCHIO IN COLLODI (145 D4) (⌖ F7)

Wisperpfad und Märchenwolke, Glockenspiel und venezianisches Lagunenkarussell: Der Vergnügungspark im Heimatort des Pinocchio-Erfinders Carlo Lorenzini ist voller Überraschungen. Im wundersamen Barockgarten der *Villa Garzoni* nebenan wartet ein Schmetterlingshaus. *März–Okt. tgl. 8.30, Nov.–Feb. 10 Uhr–Sonnenuntergang | Kombiticket 21 Euro, Kinder (3–14 Jahre) 17 Euro | Via San Gennaro 3 | www.pinocchio.it*

AREZZO, SIENA & CHIANTI

ACCADEMIA DEI FISIOCRITICI IN SIENA
(151 D6) *(Ω/ K11)*

Voll gestopft mit Kuriositäten aus drei Jahrhunderten Wissenschaftsgeschichte, darunter Keramikpilze zu Unterrichtszwecken oder Wasserproben aus toskanischen Thermalquellen, lässt dieses Naturkundemuseum auch kleine Forscherherzen höher schlagen. Bitte klingeln! *Mo–Mi und Fr 9–13 und 15–18, Do 9–13 Uhr | Eintritt frei | Piazzetta Silvio Gigli 2 | www.fisiocritici.it*

PARCO PREISTORICO IN PECCIOLI
(149 E3) *(Ω/ F9)*

Zwischen Pontedera und Volterra lockt diese Anlage mit 20 lebensgroßen Dinosauriern und anderen prähistorischen Tieren. Spielplatz und Picknickwiese. *Tgl. 9–19, Winter 9–18 Uhr | 4 Euro, Kinder unter 3 Jahren frei | Via dei Cappuccini 70–72 | www.parcopreistorico.it*

MAREMMA & COSTA DEGLI ETRUSCHI

ACQUA VILLAGE IN CECINA MARE
(148 C6) *(Ω/ E11)*

Riesenrutschen, Massagelagune, Wellenbecken, Beachvolleyball, Baby Club: Hier ist Ferienspaß garantiert. 60 km südlich in Follonica, Ortsteil Mezzaluna, gibt es einen Ableger. *Mitte Juni–Mitte Sept. tgl. 10–18 Uhr | 22 Euro, nach 14.30 Uhr 15 Euro, So 22 Euro, Kinder (3–11 Jah-*

re) 15 Euro, nach 14.30 Uhr 10 Euro, in der Hochsaison jeweils 1 Euro teurer | Via Tevere 25 | www.acquavillage.it

CAVALLINO MATTO IN MARINA DI CASTAGNETO ⓖ (154 A2) *(Ω/ E12)*

Ein nachhaltiger Vergnügungspark: Neben Minieisenbahn, Minigolf und Hüpfburgen für die Kleinen und Achterbahn, Wildwasserroute und Quadrennpiste für die Größeren gibt es auch einen Natur- und Umweltlehrpfad. *April/Mai meist Do–So 10–18, Juni Do–Di 10–18, Juli–1. Sept.-Hälfte tgl. 10.30–18.30 Uhr | 22 Euro, Kinder unter 130 cm 17 Euro, unter 100 cm frei, nach 14.30 Uhr Erwachsene und Kinder 14 Euro | Via Po 1 | www.cavallinomatto.it*

IL GIARDINO DEI TAROCCHI
(159 E4) *(Ω/ L18)*

Die hausgroßen, kunterbunten Objekte sind nicht nur zum Staunen da. Kinder dürfen auch hineinschlüpfen oder sie besteigen. *April–Mitte Okt. tgl. 14.30–19.30, Nov.–März 1. Sa im Monat 9–13 Uhr | 12 Euro, Nov.–März gratis, Kinder (7–18 Jahre) 7 Euro | www.nikidesaintphalle.com*

INSIDER TIPP ▶ PARCO ARCHEO-MINERARIO DI SAN SILVESTRO
(154 B3) *(Ω/ F13)*

Wo bereits die Etrusker vor Jahrtausenden Bodenschätze gefördert hatten, können Besucher heute eine Entdeckungsreise in die Bergbaugeschichte der Colline Metallifere, der „metallhaltigen Hügel", unternehmen. Dazu gehören ein Besuch im Bergbaumuseum und eine Fahrt mit einem kleinen Zug in einen stillgelegten Stollen. *März–Mai und Okt. Sa/So 10–18, Juni und Sept. Di–So 10–19, Juli/Aug. tgl. 9.30–19.30 Uhr | 15 Euro mit Führung, Kinder (6–14 Jahre) 11 Euro | www.parchivaldicornia.it*

PARCO AVVENTURA CIELO VERDE IN MARINA DI GROSSETO

(158 A1) (*H16*)

Lange, weite Strände, bequeme Fahrradwege und sauberes Wasser sind einige der Gründe, warum der Küstenvorort von Grosseto das Siegel „kinderfreundlich" bekam. Es ist also kein Zufall, dass der florentinische Abenteuerpark Il Gigante im Campingdorf Cieloverde hier eine

Das bunte Angebot auf den Märkten zieht auch schon junge Fashionistas in seinen Bann

Sommerzweigstelle hat. *Mitte Juni–Mitte Sept. tgl., Mitte Mai–Mitte Juni und Mitte Sept.–Mitte Okt. Sa/So 10–19.30 Uhr | 2 ½ Std. 15 Euro, Kinder (7–12 Jahre) 12 Euro, jede weitere Std. 5 Euro | Via della Trappola 180 | www.parcoavventuracieloverde.it*

LUCCA, PISA & DIE VERSILIA

GROTTA DEL VENTO BEI FORNOVOLASCO

(143 E5) (*D5–6*)

Stalaktiten, Stalagmiten, Sinterströme und Seen: Diese unterirdischen Wunderdinge können Sie in der Tropfsteinhöhle in den Apuanischen Alpen auf drei be-

quemen und gut beleuchteten Rundwegen erforschen. *Tgl. 10–18 Uhr zur vollen Stunde (außer 13 Uhr) | je nach Rundgang 9/14/20 Euro, Kinder bis 10 Jahre 7/11/16 Euro | www.grottadelvento.com*

MUSEO NAZIONALE DEL FUMETTO IN LUCCA

(144 C5) (*E7*)

Originalzeichnungen, lebensgroße Figuren und Szenenbilder sind in einer ehemaligen Kaserne ausgestellt. *Sommer Di–So, Winter Fr–So 10–18 Uhr | 4 Euro, Kinder (5–18 Jahre) 3 Euro | Piazza San Romano 4 | www.museonazionaledelfumetto.com*

PARCO AVVENTURA FOSDINOVO

(142 C4) (*B5*)

50 Hindernisse versprechen Abenteuer für jeden Geschmack: Mountainbikeparcours, Bogenschießen, schwankende Seilbrücken, Seilrutsche … *März–Mitte Juni und Mitte Sept.–Okt. Sa/So 11–17, Mitte Juni–Mitte Sept. tgl. 10–19 Uhr | 21 Euro, Jugendliche 16 Euro, Kinder 9 Euro | Via Cucco | www.parcoavventurafosdinovo.com*

EVENTS, FESTE & MEHR

Für ein Dorffest oder Stadtturnier ist den Toskanern jeder Anlass recht: das Patronatsfest, ein heidnischer Brauch, ein Ereignis der Stadtgeschichte. Halten Sie nach einer ● INSIDER TIPP *sagra* Ausschau! Bei diesen Dorffesten werden lokale Spezialitäten aufgetischt.

FESTE & FESTIVALS

FEBRUAR/MÄRZ
Höhepunkt im *Karneval* von Viareggio sind die allegorischen Pappmachéfiguren, die über die Uferpromenade gezogen werden.

KARFREITAG
Der *Venerdì Santo* von Grassina, einem Vorort von Florenz, ist die toskanische Version der Oberammergauer Passionsspiele.

APRIL–MITTE JUNI
Ende April beginnt in Florenz der *Maggio Musicale Fiorentino,* das älteste Musikfestival für moderne Klassik.

MAI
An den beiden letzten Maisonntagen feiert Lucignano bei Arezzo mit dem farbenprächtigen INSIDER TIPP *Blumenkorso Maggiolata* den Frühling.

JUNI
Am 17. Juni steigt in Pisa die *Regata di San Ranieri,* ein Rennen mit historischen Ruderbooten auf dem Arno, und am letzten Junisonntag der *Gioco del Ponte:* Auf der Arnobrücke Ponte di Mezzo schieben Männer mit Muskeln der Gegenseite einen tonnenschweren Karren zu.
Beim *Calcio Storico Fiorentino* in Florenz am 24. Juni raufen drei Mannschaften um einen Stoffball. Der Tag endet mit einem Feuerwerk.

JULI/AUGUST
Nur rund 100 Sekunden dauert der *Palio* am 2. Juli und 16. August in Siena, bei dem zehn Reiter auf ungesattelten Pferden dreimal die Piazza del Campo umrunden.
Beim Bluesfestival *Pistoia Blues* auf dem Domplatz im Juli spielten schon Legenden wie B. B. King und die Talking Heads. Bei der ● *Mercantia* in Certaldo ist die Stadt Mitte Juli fünf Tage lang ein Pilgerziel von Gauklern und Artisten, die ihr Können auf den Straßen und Plätzen zeigen.
La Versiliana, das Mehrspartenfestival in Pietrasanta, ist Treffpunkt für Urlauber, die ihr Badevergnügen mit einer Prise Kultur würzen wollen.

Sport, Spiele, Speisen, mittelalterliches Reiterspiel oder Jazzkonzert: Toskanische Events haben viele Gesichter

Effetto Venezia nennt sich eine neuntägige Kirmes mit Musik, Tanz, Kleinkunst und Folklore Ende Juli/Anfang August in Livorno.

Grey Cat Festival: Überall in der Provinz Grosseto gibt es im August Jazz vom Feinsten.

Beim *Bravio delle Botti* am letzten Augustsonntag in Montepulciano werden Weinfässer die steilen Straßen zur Piazza Grande hochgerollt.

SEPTEMBER

Die *Giostra del Saracino* in Arezzo am ersten Sonntag ist ein farbenprächtiges Kostümfest, bei dem Reiter eine Holzfigur mit der Lanze treffen müssen. Mittelalterfans kommen voll auf ihre Kosten!

Freizeitchöre aus ganz Europa reisen Mitte des Monats zum hochkarätigen Wettbewerb *Concorso Polifonico* nach Arezzo.

ENDE OKTOBER

Lucca Comics & Games: Hier ist der Name Programm.

23.–26. DEZEMBER

Beim *Presepe Vivente* in Equi Terme stellt die Bevölkerung die Weihnachtsgeschichte nach.

FEIERTAGE

1. Jan.	*Capodanno*
6. Jan.	*Epifania*
März/April	Ostermontag *(Pasquetta)*
25. April	*Liberazione* (Gedenktag an die Befreiung von der deutschen Besatzung)
1. Mai	*Festa del Lavoro*
2. Juni	*Festa della Repubblica* (Tag der Republik)
15. Aug.	*Ferragosto*
1. Nov.	*Ognissanti*
8. Dez.	*Immacolata Concezione*
25./26. Dez.	*Natale/Santo Stefano*

LINKS, BLOGS, APPS & CO.

www.atlantidephototravel.com Großartige Landschafts- und Detailaufnahmen dreier Florentiner Fotografen zum Einstimmen. Einfach oben rechts „Toscana" in der Suchmaske eingeben

maremmageheimtipp.wordpress.com Aus Frust über das deutsche Wetter hat Journalist Max Fleschhut sein Lieblingsurlaubsziel zur Wahlheimat gemacht und zeigt sich auf seinem Blog als guter Kenner. Viele gute Tipps!

www.trustandtravel.com/blog/de Hier erzählt eine Österreicherin, die lange in der Toskana gelebt und gearbeitet hat und immer wieder zurückkehrt, auf persönliche Weise aus dem Nähkästchen

guaizine.tumblr.com Die ständig wechselnden Momentaufnahmen vorwiegend Florentiner Events aus Mode, Kultur und Alltag von Fotograf Martin Leon beweisen, wie es hinter der Renaissancefassade brodelt

lovingflorence.blogspot.it Wie ist eigentlich das coole Restaurant in Oltrarno? Welche Bar mit abendlichem Aperitif ist gerade angesagt? Wer hat morgen einen Gig? Auf diese Fragen zu Florenz gibts bei dem Kultblog einer Florentinerin immer eine Antwort

www.tuscanylowcost.com Der Name ist Programm: Hier finden Sie günstige Ferienadressen in der gesamten Region

www.marcopolo.de/toskana Alles auf einen Blick: interaktive Karten inklusive Planungsfunktion, Impressionen aus der Community, aktuelle News und Angebote …

www.toskana-treff.de Vor Antritt der Reise lohnt ein Besuch dieser toskanaspezifischen Reisecommunity. Einige wichtige Eindrücke und Informationen nehmen Sie sicherlich mit; dazu gibts Tausende stimmungsvolle Fotos

Egal, ob für Ihre Reisevorbereitung oder vor Ort: Diese Adressen bereichern Ihren Urlaub. Da manche sehr lang sind, führt Sie der short.travel-Code direkt auf die beschriebenen Websites. Falls bei der Eingabe der Codes eine Fehlermeldung erscheint, könnte das an Ihren Einstellungen zum anonymen Surfen liegen

www.facebook.com/VisitTuscany Hier können Toskanafans ihre Begeisterung loswerden, Erfahrungen austauschen und Anregungen für den nächsten Besuch bekommen

www.talktotuscany.com Tripadvisor alla Toscana, mit dem die Region Toskana beweist, dass sie das interaktive Potenzial des Internets zu nutzen weiß. Besucher aus der ganzen Welt können hier Fragen stellen und ihre Eindrücke, Tipps und Kommentare posten

VIDEOS & MUSIK

www.wn.com/Klaus_Stern Unter dem Stichwort „Tuscany – Impressions" finden Sie auf der Website des Fotografen Klaus Stern seinen aus rund 50 000 traumhaften Landschaftsaufnahmen fotografierten Film im Zeitraffer. Wunderbar zum Schwelgen!

short.travel/tos2 Ein achtteiliger Youtube-Clip von Christel und Jürgen Heitmann, der Stationen einer Reise durch die Toskana zeigt

short.travel/tos3 Stimmungsvolle Impressionen eines winterlichen Rundgangs durch San Gimignano

APPS

Tuscany plus Die Augmented-Reality-App fürs I-Phone wurde vom Tourismusreferat erstellt. Wer sie auf sein Smartphone lädt, braucht nur noch die interne Kamera auf einen Punkt zu halten und schon erscheint eine Straßenkarte samt Tags mit Informationen über Sehenswürdigkeiten, Hotels und Restaurants in unmittelbarer Nähe

Sienaapp Unter diesem Begriff finden Smartphonebesitzer nicht nur eine einzelne Anwendung für ihren Besuch der Paliostadt, sondern gleich eine ganze App-Plattform mit Insiderwissen

Firenze Turismo Mit dieser App für iOS- und Android-User, die Sie kostenlos von der kommunalen Website *www.firenzeturismo.it* herunterladen können, sind Sie sowohl in Stadt selbst wie auch in der Provinz stets auf dem richtigen Weg und dem neuesten Stand

PRAKTISCHE HINWEISE

ANREISE

Die bequemste Route führt durch Österreich, über den Brennerpass und die A 22 bis Modena und von dort weiter auf der A 1 über Bologna nach Florenz. Wer über die Schweiz anreist, nimmt in Mailand die A 1 in Richtung Modena, Bologna, Florenz. Eine Alternative ist die Strecke Mailand–Parma, von dort geht es über die A 15 und den Cisapass nach La Spezia und weiter auf der Küstenautobahn A 12 Richtung Pisa. Die Autobahnen in Italien, Österreich und der Schweiz sind mautpflichtig. Die aktuellen Gebühren finden Sie unter *www.auto strade.it,* Stichwort *percorsi.* Von Juli bis September gilt auf den Autobahnen an den Wochenenden ein LKW-Fahrverbot.

GRÜN & FAIR REISEN

Auf Reisen können auch Sie viel bewirken. Behalten Sie nicht nur die CO_2-Bilanz für Hin- und Rückreise im Hinterkopf *(www.atmosfair.de; de.myclimate.org)* – etwa indem Sie Ihre Route umweltgerecht planen *(www.routerank.com)* – , sondern achten Sie auch auf Natur und Kultur im Reiseland *(www.gate-tourismus.de; www.ecotrans.de)*. Gerade als Tourist ist es wichtig, auf Aspekte wie Naturschutz *(www.nabu.de; www. wwf.de)*, regionale Produkte, wenig Autofahren, Wassersparen und vieles mehr zu achten. Wenn Sie mehr über ökologischen Tourismus erfahren wollen: europaweit *www.oete.de;* weltweit *www.germanwatch.org*

Die Hauptstrecken führen über Österreich, den Brenner und Bologna nach Florenz. Bei der Fahrt von München bzw. Wien nach Florenz gibt es nachts eine Direktverbindung, tagsüber muss man in Bologna umsteigen. Durch die Schweiz bzw. von der Schweiz aus können Sie wählen zwischen der Strecke Mailand–Genua–Livorno–Grosseto oder Mailand–Bologna–Florenz. Von dort geht es in alle Richtungen mit den Regionalbahnen weiter.

Tickets gibt es am Schalter oder am Automaten. Sie müssen diese vor Fahrtantritt unbedingt auf dem Bahnhof im Stempelautomaten entwerten. *www.bahn.de, www.oebb.at, www.sbb.ch, www.tren italia.com*

Pisas Flughafen Aeroporto Galileo Galilei ist der wichtigste Flughafen in der Toskana. Er wird von Wien, Zürich und vielen deutschen Städten angeflogen. Der Flughafen ist per Zug und Bus mit dem Hauptbahnhof in der Innenstadt verbunden. Ein Shuttle fährt mehrmals täglich nach Florenz. Den Flughafen Florenz fliegen vor allem Air Berlin und Air Dolomiti an. Er ist über einen Shuttlebus mit dem Hauptbahnhof Santa Maria Novella verbunden. Wer in die südliche Toskana will, kann auch Flüge nach Rom in Betracht ziehen.

AUSKUNFT

ITALIENISCHE ZENTRALE FÜR TOURISMUS ENIT
– *Barckhausstr. 10 | 60325 Frankfurt | Tel. 069 23 74 34 | www.enit.it*
– *Mariahilfer Str. 1b | 1060 Wien | Tel. 01 5 05 16 39 | www.enit.at*

Von Anreise bis Zoll

Urlaub von Anfang bis Ende: die wichtigsten Adressen und Informationen für Ihre Toskanareise

WWW.TURISMO.INTOSCANA.IT
Die offizielle Website der Region Toskana bietet zahlreiche weiterführende Links und informiert – auch auf Deutsch – über alles, was den Bereich Tourismus betrifft.

AUTO

Auf Autobahnen beträgt die Höchstgeschwindigkeit 130 km/h, auf Landstraßen 90 km/h, in geschlossenen Ortschaften 50 km/h. Die Promillegrenze liegt bei 0,5. Außerhalb von Ortschaften muss auch tagsüber das Abblendlicht eingeschaltet sein und bei Unfall oder Panne außerhalb von Ortschaften müssen Sie beim Verlassen des Wagens eine Warnweste anziehen.

Tankstellen sind werktags zwischen 7.30 und 12.30 und 15 und 19 Uhr geöffnet, sonntags nur vereinzelt auf Ausfallstraßen und Autobahnen. Es gibt jedoch fast überall Tankautomaten.

Die Autobahnen sind gebührenpflichtig. Trotzdem sind sie bei längeren Fahrten zu empfehlen, denn die Landstraßen in der hügeligen, manchmal auch bergigen Region sind oft kurvenreich. In Planung ist auch eine Gebühr für die beiden toskanischen Schnellstraßen Florenz–Siena–Grosseto und Florenz–Pisa–Livorno.

Steht am Eingang der historischen Innenstädte das Schild ZTL (Zona a Traffico Limitato), heißt das: Fahrzeuge ohne Genehmigung müssen draußen bleiben. Für Autos gilt das mittlerweile in fast allen Innenstädten und Parkplätze an den Randbezirken sind teuer. Wer ein Hotel in der Altstadt gebucht hat, erhält dort meist einen Anwohnerparkausweis. Es kann aber auch sein, dass man den Wagen nach dem Entladen wieder aus dem Zentrum entfernen und außerhalb parken muss. Über eigene Garagen oder andere Parkmöglichkeiten verfügen in der Regel nur Hotels ab drei Sternen aufwärts. Auf den Seitenstreifen dürfen oft nur Anwohner parken. Für blau markierte Parkplätze reichen manchmal Parkscheiben, ansonsten halten Sie nach einem Parkscheinautomaten Ausschau. Bei längerem Aufenthalt ist es bequemer, gebührenpflichtige Parkplätze bzw. Parkhäuser zu nutzen, die fast jede Stadt in Fußentfernung zu den Sehenswürdigkeiten anbietet (ca. 1–2 Euro pro Stunde).

Planen Sie einen Ausflug in einen anderen Ort, benutzen Sie, wenn möglich, die öffentlichen Verkehrsmittel. Mit Bus oder Bahn kommen Sie fast überall hin. Wollen Sie allerdings auch den Abend woanders verbringen, müssen Sie Ihr eigenes Fahrzeug nehmen. Nach 22 Uhr verkehren kaum noch Züge und Busse.

WAS KOSTET WIE VIEL?

Museum	8 Euro *für die Uffizien in Florenz*
Kaffee	um 1,50 Euro *für einen Cappuccino im Stehen am Bartresen*
Pizza	um 8 Euro *für eine Pizza im Lokal*
Wein	um 4 Euro *für ein Glas Tischwein*
Benzin	um 1,70 Euro *für 1 l Super bleifrei*
Strand	um 30 Euro *Miete/Tag für zwei Liegestühle und Sonnenschirm*

DIPLOMATISCHE VERTRETUNGEN

DEUTSCHES KONSULAT FLORENZ
Corso dei Tintori 3 | Tel. 05 52 34 35 43

ÖSTERREICHISCHES KONSULAT FLORENZ
Lungarno Vespucci 58 | Tel. 05 52 65 42 22

SCHWEIZER KONSULAT FLORENZ
Im Hotel Park Palace | Piazzale Galileo 5 | Tel. 0 55 22 24 34

EINREISE

Personalausweis bzw. Kinderausweis genügt. Grenzkontrollen finden bei Einreise aus einem Schengen-Staat nur noch in Ausnahmefällen statt.

EINTRITTSPREISE

Die Eintrittspreise für Museen und Baudenkmäler variieren stark. In den örtlichen Infostellen für Touristen erfahren Sie, ob es reduzierte Eintrittskarten gibt und ob und wo Sie Tickets für Museumsbesuche vorbestellen können, um lange Wartezeiten zu vermeiden.

GELD & KREDITKARTEN

Nahezu alle Banken haben einen *bancomat*. In vielen Restaurants, Hotels und Geschäften sowie bei Tankstellen und an den Mautstellen der Autobahnen werden Kreditkarten akzeptiert.

GESUNDHEIT

Die Europäische Krankenversicherungskarte EHIC reicht aus, um sich bei einem Unfall oder einer akuten Erkrankung medizinisch versorgen zu lassen. Wer sich zusätzlich absichern möchte, kann eine Reiseversicherung abschließen. Die Notfallambulanz der Krankenhäuser *(pronto soccorso)* hilft in der Regel gut, schnell

KULTURSOMMER IN DER TOSKANA

Landflucht: Dieses Schicksal vieler Dörfer in den 1960er-Jahren traf auch Monticchiello bei Pienza. Die jungen Leute gingen weg, Häuser standen leer, das Land lag brach. Die Daheimgebliebenen hatten Angst, ihre Heimat wohlhabenden Städtern und Fremden überlassen zu müssen. Doch dann entdeckten sie Theaterspielen als ihre Form, sich gegen das Schicksal zu wehren und sich neuen Zusammenhalt zu geben. Seit 1967 führen die Einwohner von Monticchiello jedes Jahr Ende Juli, Anfang August auf der Dorfpiazza ein selbst geschriebenes Stück über ihren toskanischen Alltag auf – mit großem Erfolg! Das *Teatro Povero*,

das „Arme Theater", ist nur eines von zahlreichen Highlights des toskanischen Kultursommers. Zwischen Mai und September wird immer irgendwo ein Platz oder Park, ein Kreuzgang oder eine Kirche, ein Stadtviertel oder ein Straßenzug zum Kulturraum erklärt. Dann gibt es Tanz oder Theater, Film oder Musik, mal traditionell, mal avantgardistisch. Einige dieser Sommerinitiativen sind längst Kult, darunter das Theaterfestival *Volterrateatro*, der maremmanische Jazzreigen *Grey Cat Festival* oder das *On the Road Festival* von Pelago bei Florenz, wo sich im Juni Straßenkünstler ein Stelldichein geben.

und unbürokratisch. Rechnungen legen Sie ggf. Ihrer Krankenkasse zur Erstattung vor.

KLIMA & REISEZEIT

In der gesamten Toskana herrscht gemäßigtes Mittelmeerklima. Im Winter scheint häufig die Sonne, doch es gibt auch kalte und vor allen Dingen nasse Tage. Schnee fällt in der Regel nur in den Hochlagen. Frühling und Herbst sind die beste Reisezeit. Im August in die Toskana zu reisen ist nicht ideal: Dann sind die Strände überfüllt und die brütend heißen Städte wie ausgestorben.

MIETFAHRZEUGE & FAHRRADVERMIETUNG

Mietwagen gibt es an den Flughäfen und in den Städten bei den bekannten Firmen. Eine Kreditkarte ist obligatorisch. Für einen Kleinwagen zahlt man ab ca. 80 Euro pro Tag, Wochentarife sind billiger. Buchungen vor Reiseantritt sind häufig preiswerter.

Vespa- und Motorradvermieter haben sich ebenfalls in allen größeren Urlaubsorten etabliert. Die Vespa, der legendäre italienische Motorroller mit den kleinen Rädern, ist jedoch gewöhnungsbedürftig! Die ab 50 cm³ vorgeschriebenen Helme gibt es in der Regel gratis dazu.

Fahrräder gibt es in Florenz direkt am Hauptbahnhof zu mieten, ansonsten fragen Sie in Ihrem Hotel oder bei der örtlichen Touristenauskunft.

MUSEEN

Die großen staatlichen Museen sind über Mittag geöffnet, aber montags geschlossen. Der Eintritt ist für EU-Bürger bis 18 Jahre gratis, von 18 bis 25 Jahre kostet er die Hälfte. Für alle staatlichen Museen

gilt: ● Jeden ersten Sonntag im Monat ist der Eintritt frei!

NOTRUF

Carabinieri (bei Verbrechen) Tel. 112
Feuerwehr (Vigili del fuoco) Tel. 115
Notarzt und Rettungswagen Tel. 118
Polizei (bei Unfällen, mit Notarzt) Tel. 113
Pannenhilfe Tel. 80 31 16 (vom ausländischen Handy 8 00 11 68 00)

ÖFFENTLICHE VERKEHRSMITTEL

Regionale öffentliche Verkehrsmittel sind vergleichsweise günstig, die Überlandbusse und Züge in der Regel pünktlich. Tagsüber verkehren sie häufig, abends eher selten. Die schnellen, reservierungspflichtigen Eurostar-Züge verbinden nur die großen Städte und sind erheblich teurer. Falls Sie die Fahrkarten ein paar Wochen vorher kaufen, wird es allerdings billiger. Bahnfahrkarten ohne Reservierungen müssen vor Fahrtantritt am Bahnsteig entwertet werden!

Von Florenz aus fahren Linienbusse fast alle Orte in der Toskana an. Für den Stadtbus bekommen Sie die Tickets am Zeitungskiosk oder in Tabakgeschäften, für Überlandbusse dort, wo er losfährt, und in einer Bar in der Nähe der Haltestellen. Im Bus bezahlt man einen Aufpreis von mindestens 1 Euro.

ÖFFNUNGSZEITEN

Die Mittagspause ist den Toskanern noch immer heilig. Kleinere Geschäfte haben daher in der Regel von 9 bis 13 und von 16 bis 19.30 Uhr geöffnet. Am Sonntag und am Montagvormittag sind sie geschlossen. Viele große Supermärkte und Einkaufszentren haben durchgehend von 8 bis 20 Uhr geöffnet, manchmal sogar am Sonntag. Kirchen bleiben über Mittag meist geschlossen. Während der Gottesdienste ist keine Besichtigung erlaubt.

POLIZEI

Typisch italienisch: Es gibt gleich mehrere Polizeikategorien: die *Vigili* oder *Polizia Municipale* sind Verkehrspolizisten, bei Strafdelikten sind *Carabinieri* und *Polizia di Stato* zuständig. *Polfer* heißt die Bahnpolizei und *Guardia di Finanza* sind Steuerfahnder. Sie alle dürfen nach Ihrem Ausweis fragen.

QUITTUNGEN

Für sämtliche Dienstleistungen und Waren muss man sich in Italien eine Quittung *(scontrino)* geben lassen und diese aufbewahren, um sie bei Kontrollen der Steuerbehörde vorweisen zu können.

RAUCHEN

Rauchen ist in allen öffentlichen Räumen untersagt, also auch in Restaurants, Bars, Diskotheken etc., die keine gesonderten Raucherzimmer haben. Gäste, die gegen die Vorschriften verstoßen, müssen mit Geldstrafen bis zu 250 Euro rechnen.

STROM

Die Netzspannung entspricht der EU-Norm. Für die Stecker empfiehlt es sich, einen Adapter mitzunehmen.

TAXI

Lassen Sie sich im Hotel ein offizielles Funktaxi rufen oder gehen Sie direkt zu den Taxiständen am Flughafen oder an den Bahnhöfen. Die Tarife entsprechen in etwa denen in Deutschland, nachts wird ein Aufpreis berechnet.

TELEFON & HANDY

Die Vorwahl nach Italien ist 0039, die Vorwahl von Italien nach Deutschland 0049, nach Österreich 0043, in die Schweiz 0041. Innerhalb Italiens ist die ehemalige Ortsvorwahl samt Null am Anfang fester Bestandteil der Teilnehmernummer und wird auch bei Ortsgesprächen mitgewählt. Bei Anrufen aus dem Ausland darf daher auch die Null nicht entfallen. Mobilnummern beginnen ohne Null.

Es gibt nur noch wenige Telefonzellen, die mit Münzen funktionieren. Telefonkarten *(carta telefonica)* sind in Bars, Tabakgeschäften und Postämtern erhältlich. Für das Telefonieren mit einem ausländischen Handy lohnt sich für Vieltelefonierer unter Umständen eine aufladbare Simkarte von einem der vier italienischen Netzanbieter (Wind, Vodafone, Telecom, Fastweb). Beim Kauf Ausweis, Kontaktadresse und Handy mitnehmen.

TRINKGELD

Es gelten im Wesentlichen dieselben Gepflogenheiten wie in Deutschland. Allerdings lassen Sie sich im Lokal immer erst das Wechselgeld zurückbringen und lassen Ihr Dankeschön dann auf dem Tisch liegen.

UNTERKUNFT

AGRITURISMO
Auf Aberhunderten von Gutshöfen in der Toskana wurden Gästezimmer und Apartments eingerichtet. Das Angebot reicht vom einfachen Zimmer auf dem Bauernhof bis zur eleganten Suite in einem Weingut. Vermietet wird tage- und wochenweise. Adressen mit guten Angeboten finden Sie u. a. auf folgenden Web-

sites: *www.bauernhofurlaub.com*, *www.terranostra.it*, *www.agritour.net*, *www.agriturist.it*

BED & BREAKFAST
Auf der Website *www.bbitalia.it* finden Sie – auch auf Deutsch – eine Vielzahl privater Unterkünfte in sympathischem Ambiente und zu attraktiven Preisen.

CAMPING
Ob im Binnenland oder an der Küste, diese Urlaubsform ist in Italien nach wie vor besonders bei Familien mit Kindern sehr beliebt. Die Qualität der Campingplätze hat sich enorm verbessert. *www.camping.it*

FERIENWOHNUNGEN
Auf folgenden Websites sind Sie bei der Suche nach den eigenen vier Wänden auf Zeit an der richtigen Adresse: *www.ferientoscanasi.com*, *www.fewo-direkt.de*, *www.homelidays.com*, *www.sempre-italia.de*, *www.vamos-reisen.de*, *www.toskana-spezial.com*, *www.atraveo.de*

HOTELS
In den touristischen Gebieten am Meer oder in den Bergen bekommt man in der Hochsaison oft nur Zimmer mit Halb- oder Vollpension. Außerdem ziehen dann die Preise, vor allem im August, stark an. In der Nebensaison bieten fast alle günstige Sondertarife.

ZOLL
Innerhalb der EU dürfen Sie Waren zum eigenen Verbrauch unbegrenzt mitführen. Richtwerte hierfür sind u. a. 800 Zigaretten und 10 l Spirituosen. Für Schweizer und bei Durchreise durch die Schweiz gelten wesentlich geringere Freimengen, u. a. 250 Zigaretten, 1 l Spirituosen und 5 l Wein.

WETTER IN FLORENZ

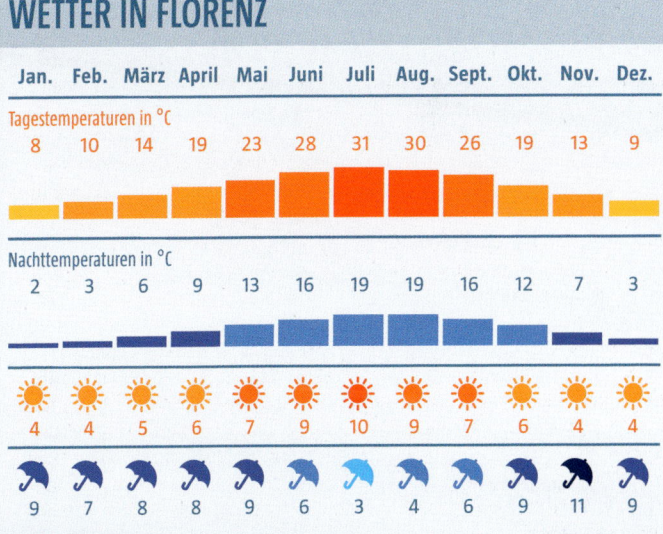

	Jan.	Feb.	März	April	Mai	Juni	Juli	Aug.	Sept.	Okt.	Nov.	Dez.
Tagestemperaturen in °C	8	10	14	19	23	28	31	30	26	19	13	9
Nachttemperaturen in °C	2	3	6	9	13	16	19	19	16	12	7	3
☀	4	4	5	6	7	9	10	9	7	6	4	4
☂	9	7	8	8	9	6	3	4	6	9	11	9

☀ Sonnenschein Stunden/Tag 🌂 Niederschlag Tage/Monat **135**

SPRACHFÜHRER ITALIENISCH

AUSSPRACHE

c, cc	vor e oder i wie tsch in „deutsch", Bsp.: dieci, sonst wie k
ch, cch	wie k, Bsp.: pacchi, che
g, gg	vor e oder i wie dsch in „Dschungel", Bsp.: gente, sonst wie g
gl	ungefähr wie in „Familie", Bsp.: figlio
gn	wie in „Cognac", Bsp.: bagno
sc	vor e oder i wie deutsches sch, Bsp.: uscita
sch	wie sk in „Skala", Bsp.: Ischia
z	immer stimmhaft wie ds

Ein Akzent steht im Italienischen nur, wenn die letzte Silbe betont wird. In den übrigen Fällen haben wir die Betonung durch einen Punkt unter dem betonten Vokal angegeben.

AUF EINEN BLICK

ja/nein/vielleicht	sì/no/forse
bitte/danke	per favore/grazie
Entschuldige!/Entschuldigen Sie!	Scusa!/Scusi!
Wie bitte?	Come dice?/Prego?
Gute(n) Morgen!/Tag!/Abend!/Nacht!	Buon giorno!/Buon giorno!/ Buona sera!/Buona notte!
Hallo!/Tschüss!/Auf Wiedersehen!	Ciao!/Ciao!/Arrivederci!
Ich heiße ...	Mi chiamo ...
Wie heißen Sie?/Wie heißt Du?	Come si chiama?/Come ti chiami?
Ich möchte .../Haben Sie ...?	Vorrei .../Avete ...?
Wie viel kostet ...?	Quanto costa ...?
Das gefällt mir (nicht).	(Non) mi piace.
gut/schlecht	buono/cattivo
kaputt/funktioniert nicht	guasto/non funziona
zu viel/viel/wenig/alles/nichts	troppo/molto/poco/tutto/niente
Hilfe!/Achtung!/Vorsicht!	Aiuto!/Attenzione!/Prudenza!
Krankenwagen/Polizei/Feuerwehr	ambulanza/polizia/vigili del fuoco
Verbot/verboten/Gefahr/gefährlich	divieto/vietato/pericolo/pericoloso

DATUMS- & ZEITANGABEN

Montag/Dienstag	lunedì/martedì
Mittwoch/Donnerstag	mercoledì/giovedì
Freitag/Samstag	venerdì/sabato

Parli italiano?

„Sprichst du Italienisch?" Dieser Sprachführer hilft Ihnen, die wichtigsten Wörter und Sätze auf Italienisch zu sagen

Sonntag/Werktag/Feiertag	domenica/(giorno) feriale/festivo
heute/morgen/gestern	oggi/domani/ieri
Stunde/Minute/Tag/Nacht	ora/minuto/giorno/notte
Woche/Monat/Jahr	settimana/mese/anno
Wie viel Uhr ist es?	Che ora è? Che ore sono?
Es ist drei Uhr./Es ist halb vier.	Sono le tre./Sono le tre e mezza.
Viertel vor vier/Viertel nach vier	le quattro meno un quarto/le quattro e un quarto

UNTERWEGS

offen/geschlossen	aperto/chiuso
Eingang/Einfahrt/Ausgang/Ausfahrt	entrata/entrata/uscita/uscita
Abfahrt/Abflug/Ankunft	partenza/partenza/arrivo
Toiletten/Damen/Herren	bagno/signore/signori
(kein) Trinkwasser	acqua (non) potabile
Wo ist ...?/Wo sind ...?	Dov'è ...?/Dove sono ...?
links/rechts/geradeaus/zurück	sinistra/destra/dritto/indietro
nah/weit	vicino/lontano
Bus/Straßenbahn/U-Bahn/Taxi	bus/tram/metropolitana/taxi
Haltestelle/Taxistand	fermata/posteggio taxi
Parkplatz/Parkhaus	parcheggio/parcheggio coperto
Stadtplan/(Land-)Karte	pianta/mappa
Bahnhof/Hafen/Flughafen	stazione/porto/aeroporto
Fahrplan/Fahrschein/Zuschlag	orario/biglietto/supplemento
einfach/hin und zurück	solo andata/andata e ritorno
Zug/Gleis/Bahnsteig	treno/binario/banchina
Ich möchte ... mieten.	Vorrei noleggiare ...
ein Auto/ein Fahrrad/ein Boot	una macchina/una bicicletta/una barca
Tankstelle/Benzin/Diesel	distributore/benzina/gasolio
Panne/Werkstatt	guasto/officina

ESSEN & TRINKEN

Reservieren Sie uns bitte für heute Abend einen Tisch für vier Personen.	Vorrei prenotare per stasera un tavolo per quattro persone.
auf der Terrasse/am Fenster	sulla terrazza/vicino alla finestra
Die Speisekarte, bitte.	Il menù, per favore.
Flasche/Karaffe/Glas	bottiglia/caraffa/bicchiere
Messer/Gabel/Löffel	coltello/forchetta/cucchiaio
Salz/Pfeffer/Zucker	sale/pepe/zucchero
Essig/Öl/Milch/Sahne/Zitrone	aceto/olio/latte/panna/limone

kalt/versalzen/nicht gar	freddo/troppo salato/non cotto
mit/ohne Eis/Kohlensäure	con/senza ghiaccio/gas
Vegetarier(in)/Allergie	vegetariano/vegetariana/allergia
Ich möchte zahlen, bitte.	Vorrei pagare, per favore
Rechnung/Quittung/Trinkgeld	conto/ricevuta/ mancia

EINKAUFEN

Wo finde ich ...?	Dove posso trovare ...?
Ich möchte .../Ich suche ...	Vorrei .../Cerco ...
Brennen Sie Fotos auf CD?	Vorrei masterizzare delle foto su CD?
Apotheke	farmacia
Bäckerei/Markt	forno/mercato
Einkaufszentrum/Kaufhaus	centro commerciale/grande magazzino
Lebensmittelgeschäft	negozio alimentare
Supermarkt	supermercato
Fotoartikel/Zeitungsladen	articoli per foto/giornalaio
Kiosk	edicola
100 Gramm/1 Kilo	un etto/un chilo
teuer/billig/Preis	caro/economico/prezzo
mehr/weniger	di più/di meno
aus biologischem Anbau	di agricoltura biologica

ÜBERNACHTEN

Haben Sie noch ...?	Avete ancora ...?
Einzelzimmer/Doppelzimmer	una (camera) singola/una doppia
Frühstück/Halbpension/Vollpension	colazione/mezza pensione/ pensione completa
Dusche/Bad/Balkon/Terrasse	doccia/bagno/balcone/terrazza
Schlüssel/Zimmerkarte	chiave/scheda magnetica
Gepäck/Koffer/Tasche	bagaglio/valigia/borsa

BANKEN & GELD

Bank/Geldautomat/Geheimzahl	banca/bancomat/codice segreto
bar/Kreditkarte	in contanti/carta di credito
Banknote/Münze/Wechselgeld	banconota/moneta/il resto

GESUNDHEIT

Arzt/Zahnarzt/Kinderarzt	medico/dentista/pediatra
Krankenhaus/Notfallpraxis	ospedale/pronto soccorso
Fieber/Schmerzen	febbre/dolori
Durchfall/Übelkeit/Sonnenbrand	diarrea/nausea/scottatura solare
entzündet/verletzt	infiammato/ferito

Pflaster/Verband/Salbe/Creme	cerotto/fasciatura/pomata/crema
Schmerzmittel/Tablette/Zäpfchen	antidolorifico/compressa/supposta

TELEKOMMUNIKATION & MEDIEN

Briefmarke/Brief/Postkarte	francobollo/lettera/cartolina
Ich brauche eine Telefonkarte fürs Festnetz.	Mi serve una scheda telefonica per la rete fissa.
Ich suche eine Prepaidkarte für mein Handy.	Cerco una scheda prepagata per il mio cellulare.
Wo finde ich einen Internetzugang?	Dove trovo un accesso internet?
Brauche ich eine spezielle Vorwahl?	Ci vuole un prefisso particolare?
wählen/Verbindung/besetzt	comporre/linea/occupato
Steckdose/Adapter/Ladegerät	presa/riduttore/caricabatterie
Computer/Batterie/Akku	computer/batteria/accumulatore
At-Zeichen („Klammeraffe")	chiocciola
Internetadresse/E-Mail-Adresse	indirizzo internet/indirizzo email
Internetanschluss/WLAN	collegamento internet/wi-fi
E-Mail/Datei/ausdrucken	email/file/stampare

FREIZEIT, SPORT & STRAND

Strand/Strandbad	spiaggia/stabilimento balneare
Sonnenschirm/Liegestuhl	ombrellone/sdraio
Seilbahn/Sessellift	funivia/seggiovia
(Schutz-)Hütte/Lawine	rifugio/valanga

ZAHLEN

0	zero	17	diciassette
1	uno	18	diciotto
2	due	19	diciannove
3	tre	20	venti
4	quattro	21	ventuno
5	cinque	30	trenta
6	sei	40	quaranta
7	sette	50	cinquanta
8	otto	60	sessanta
9	nove	70	settanta
10	dieci	80	ottanta
11	undici	90	novanta
12	dodici	100	cento
13	tredici	1000	mille
14	quattordici	2000	duemila
15	quindici	½	un mezzo
16	sedici	¼	un quarto

REISEATLAS

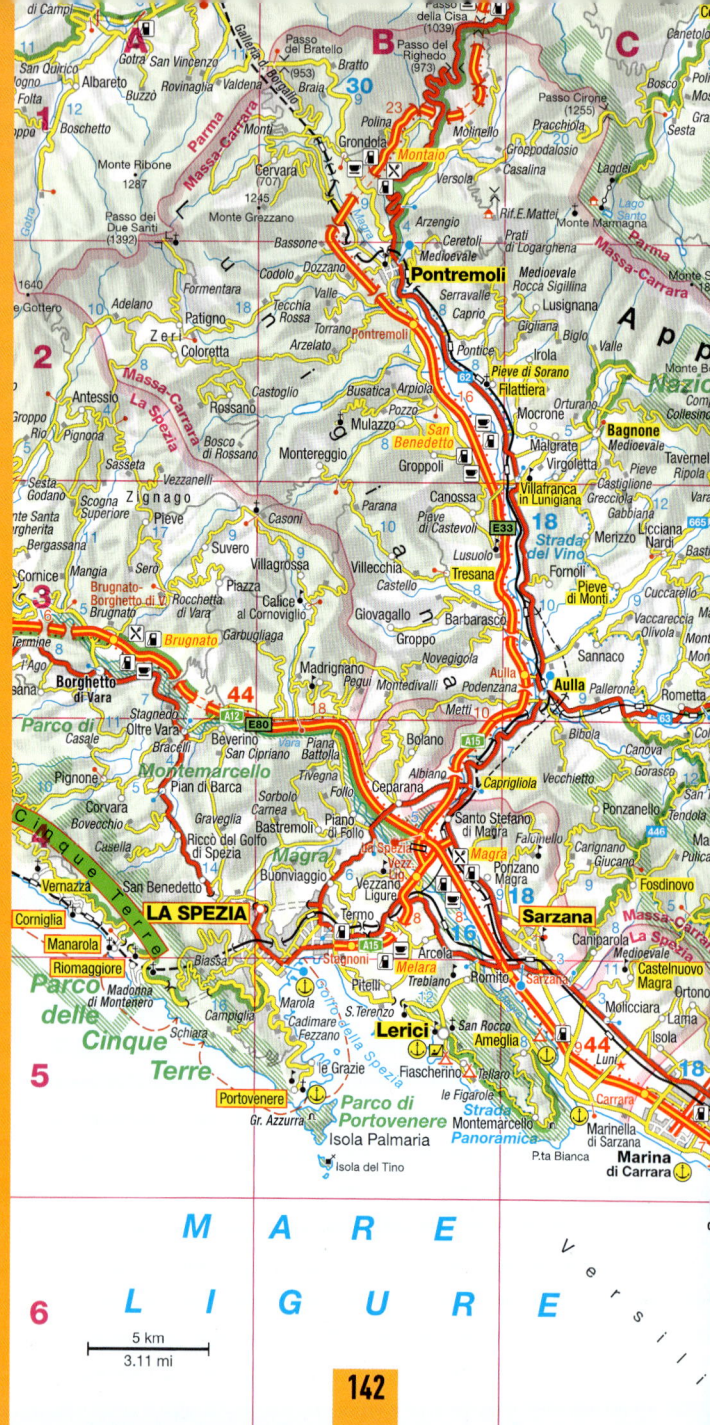

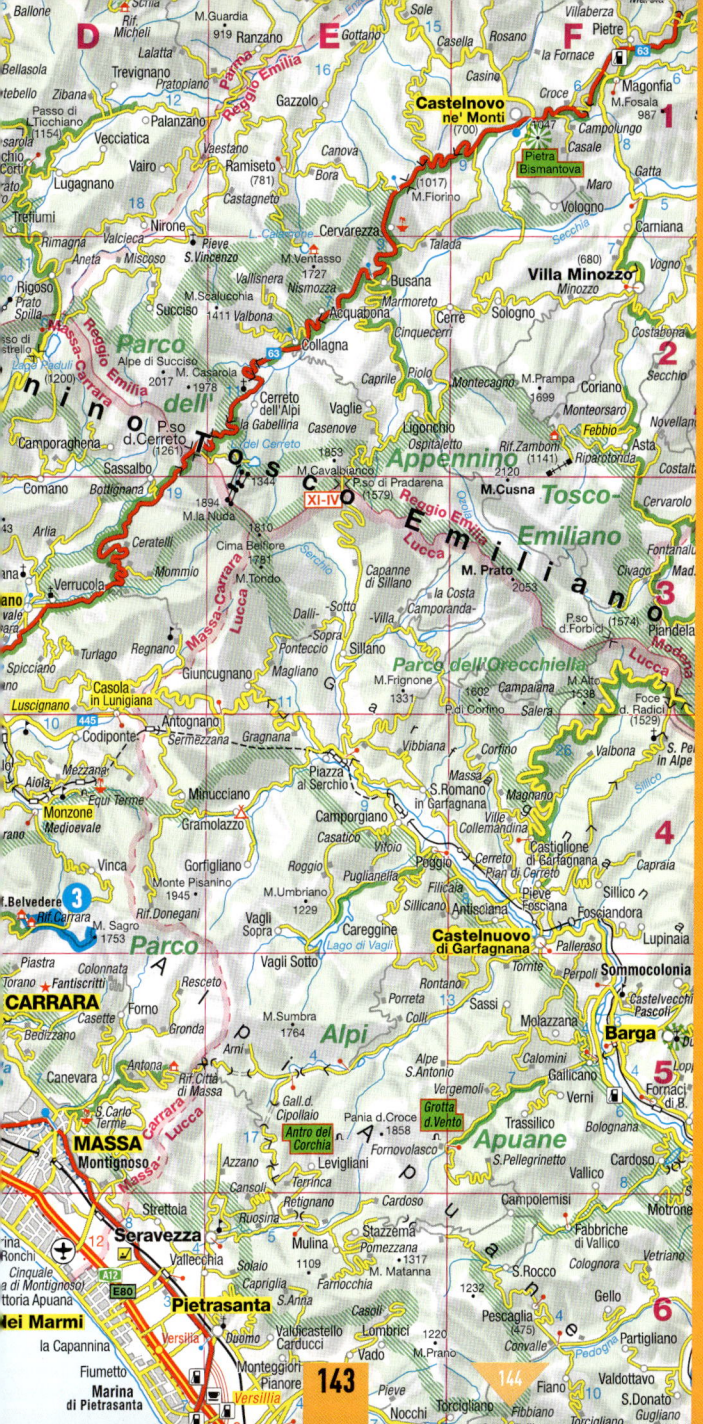

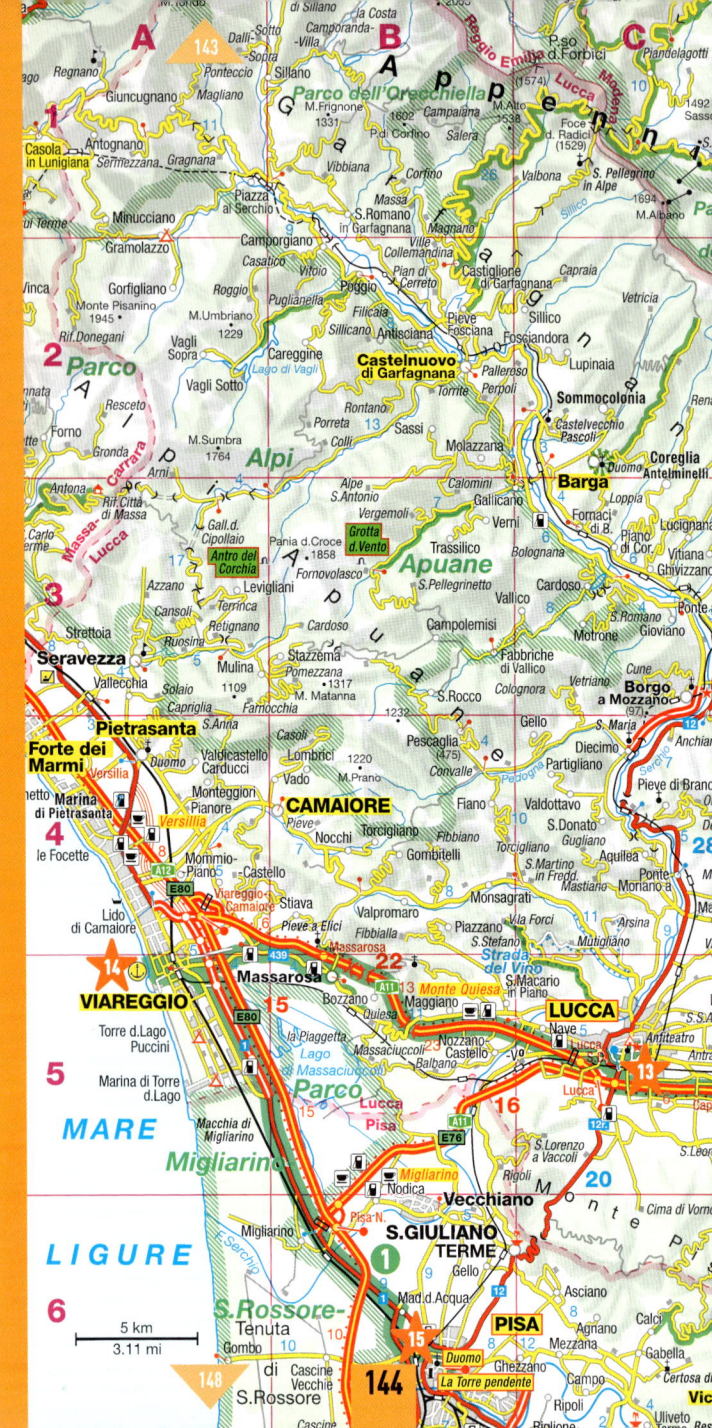

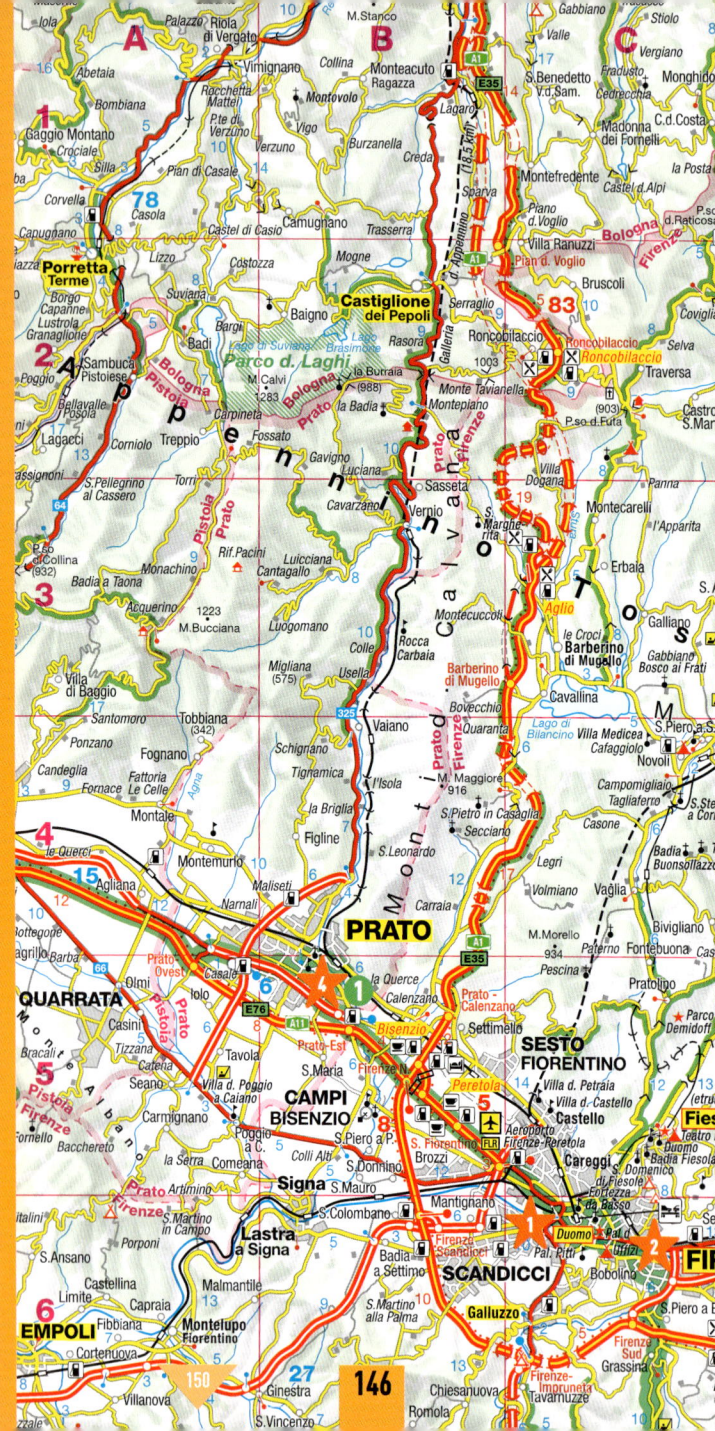

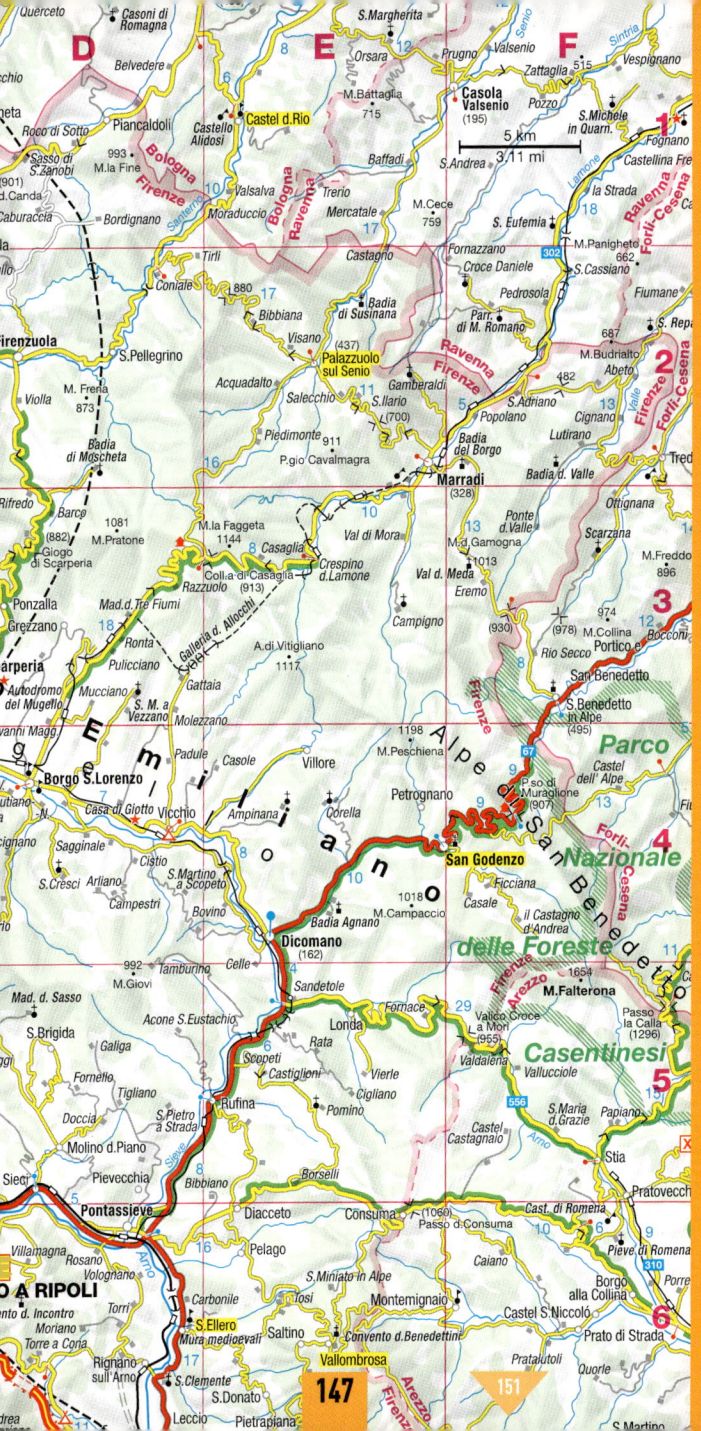

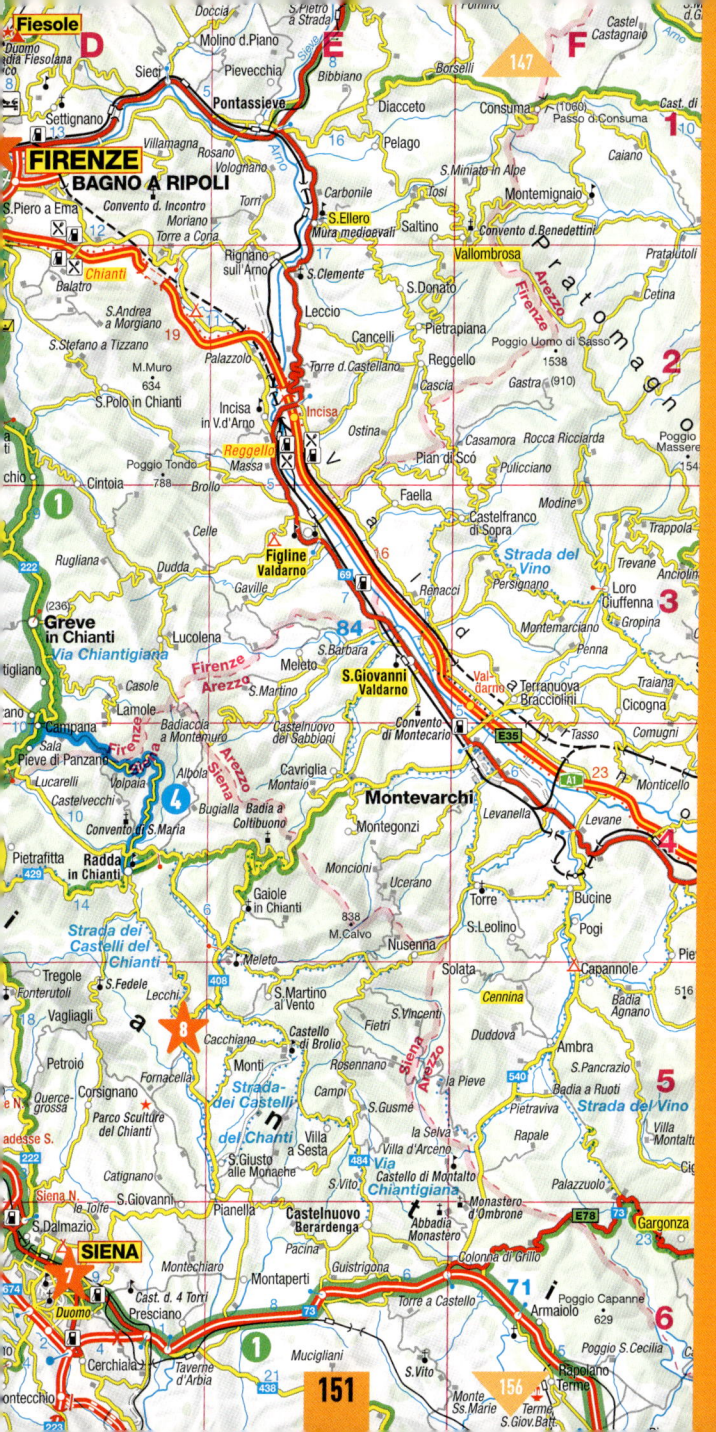

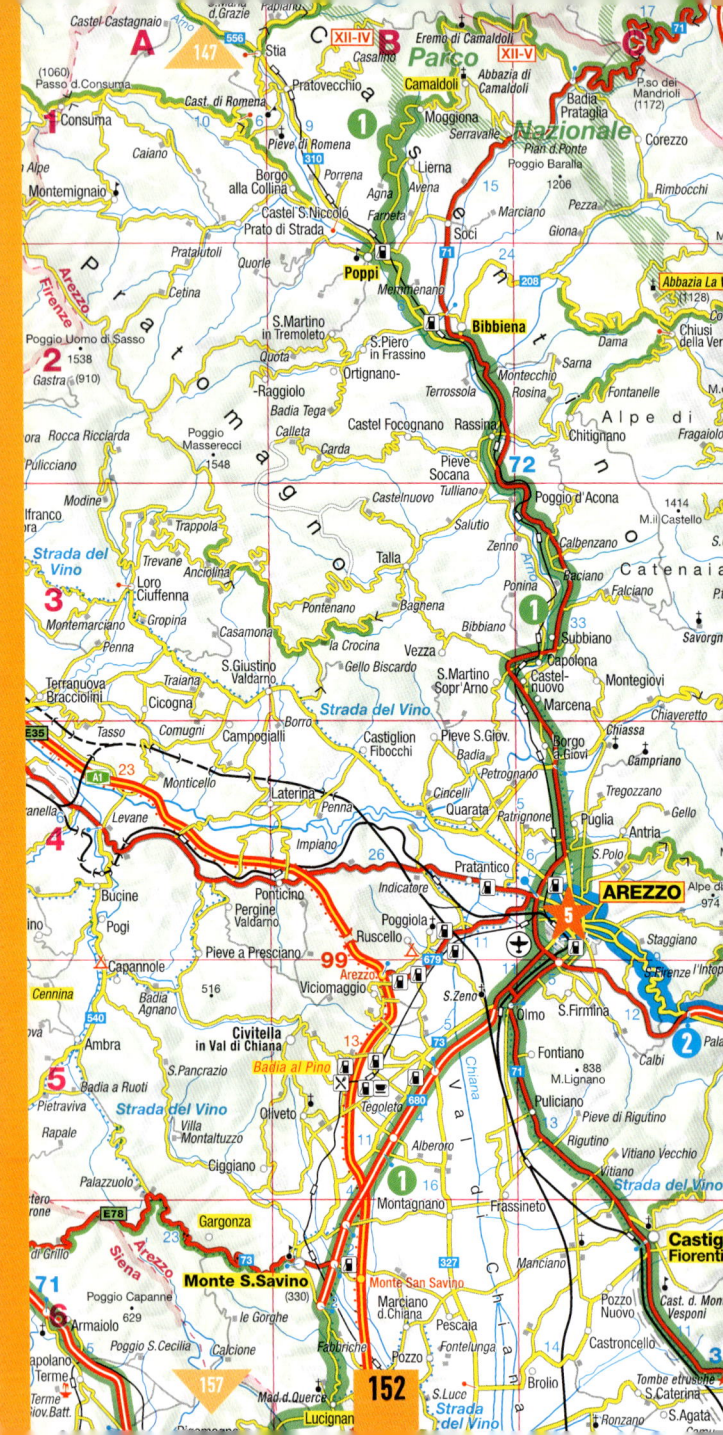

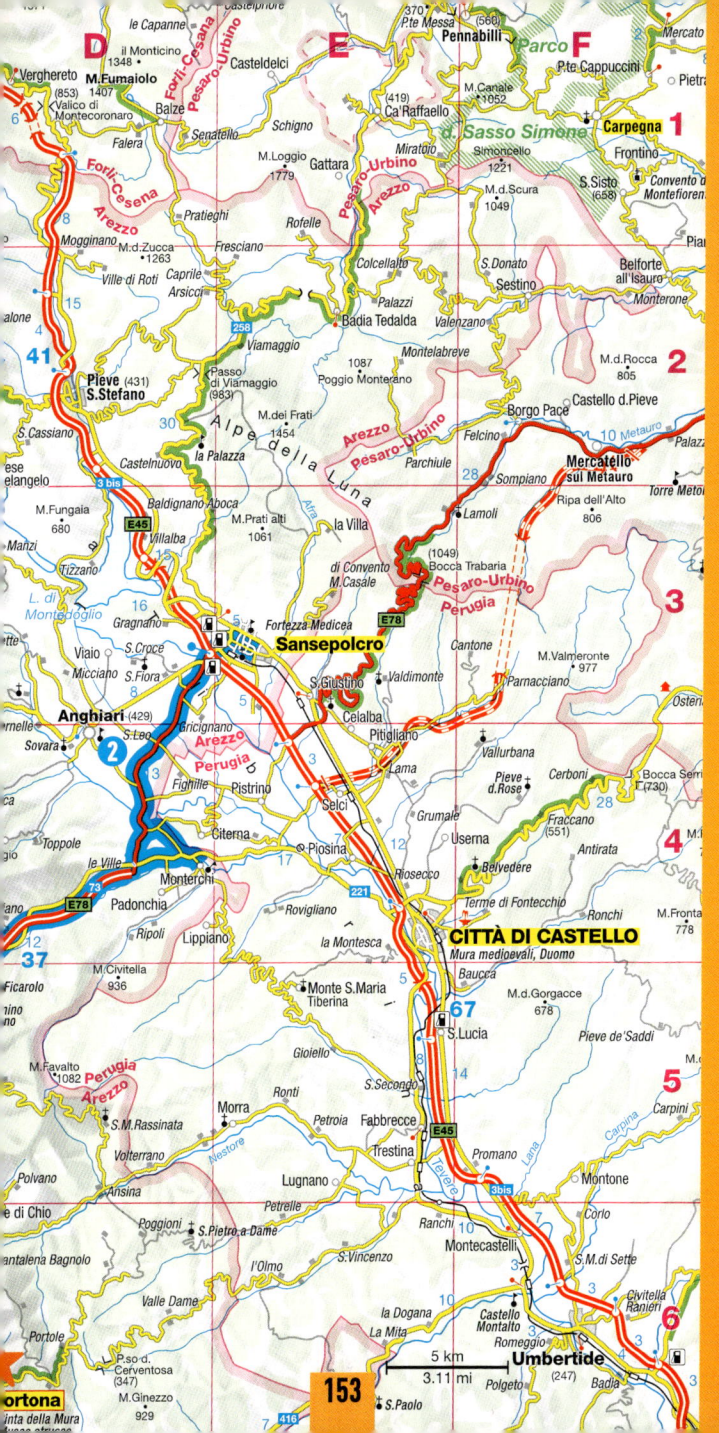

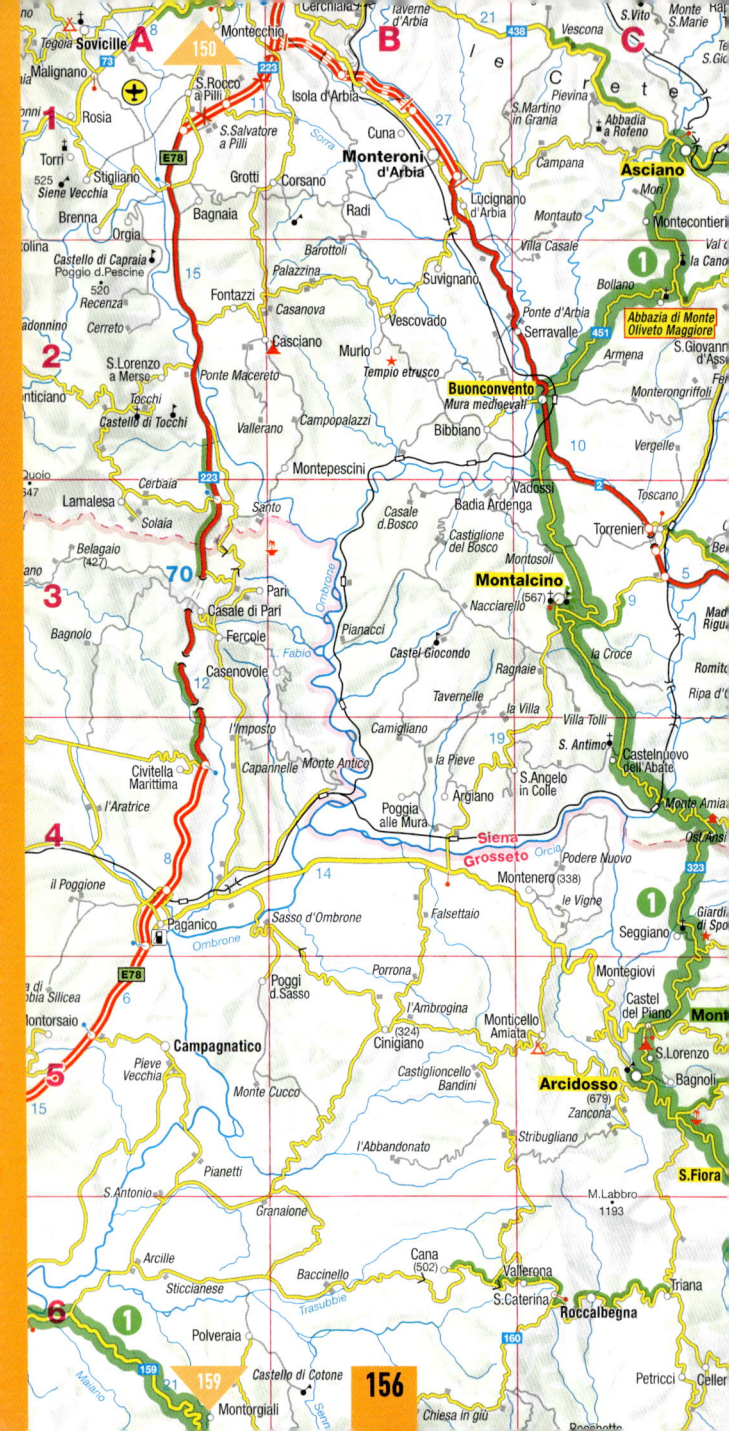

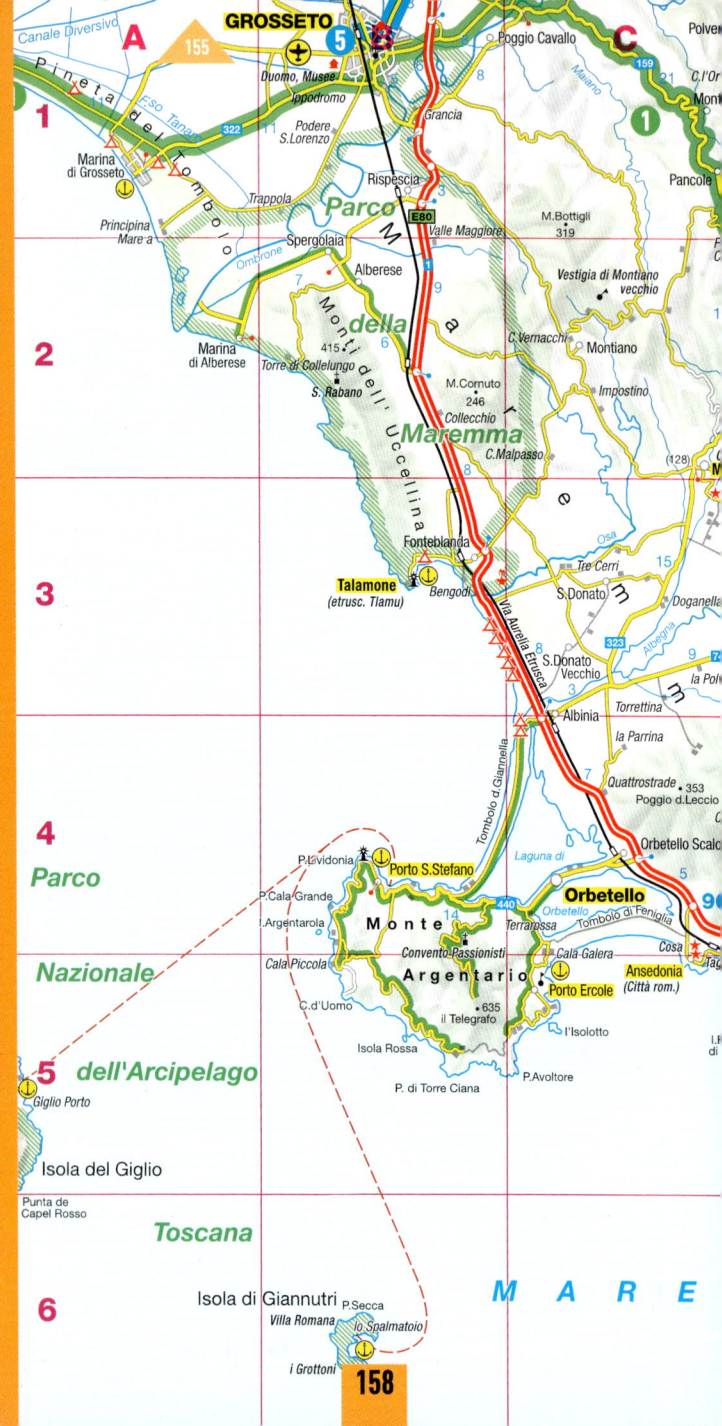

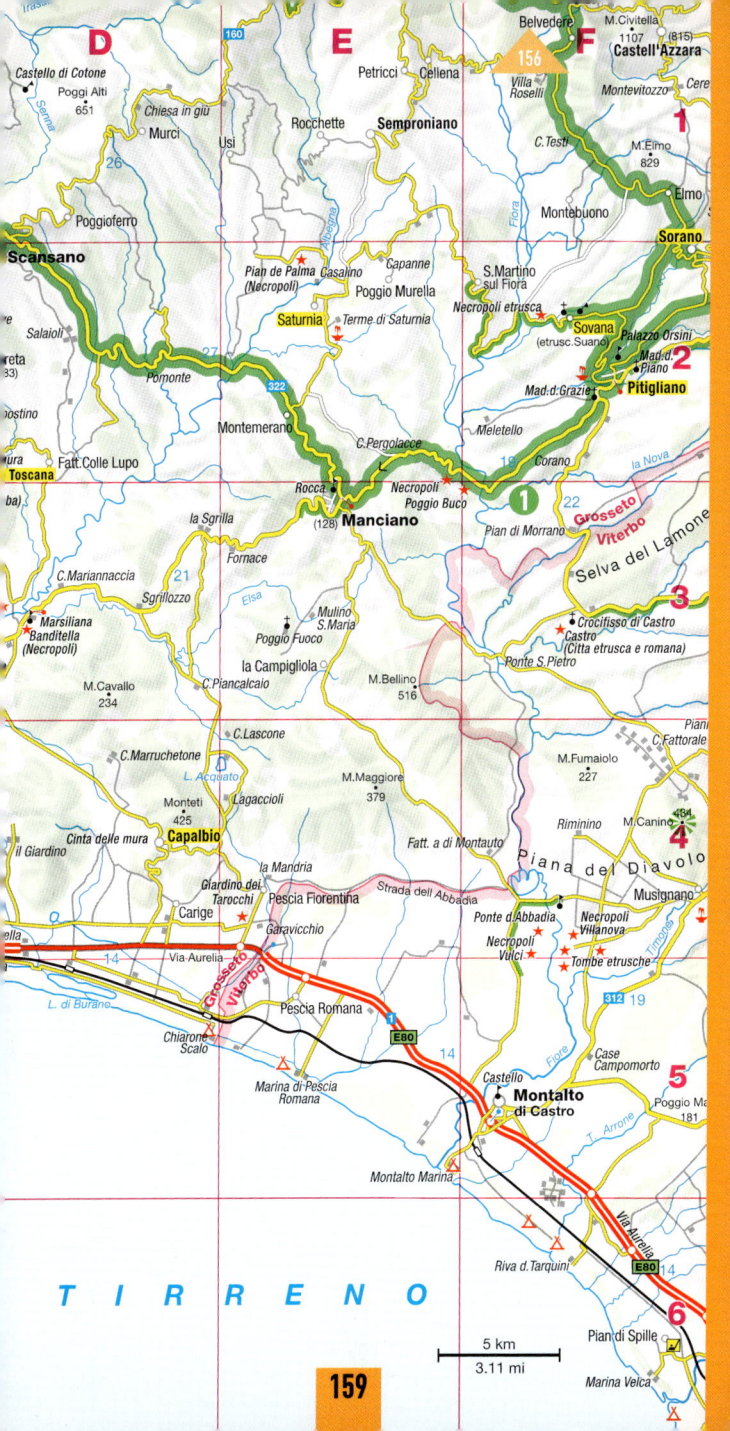

159

KARTENLEGENDE

Autobahn mit Anschlussstelle und Anschlussnummern	Viernheim 45 · 45 · 30 · 24 · 12	Motorway with junction and junction number
Autobahn in Bau mit voraussichtlichem Fertigstellungsdatum	Datum Date	Motorway under construction with expected date of opening
Rasthaus mit Übernachtung · Raststätte	Kassel	Hotel, motel · Restaurant
Kiosk · Tankstelle		Snackbar · Filling-station
Autohof · Parkplatz mit WC	P	Truckstop · Parking place with WC
Autobahn-Gebührenstelle		Toll station
Autobahnähnliche Schnellstraße		Dual carriageway with motorway characteristics
Fernverkehrsstraße		Trunk road
Verbindungsstraße		Main road
Nebenstraßen		Secondary roads
Fahrweg · Fußweg		Carriageway · Footpath
Gebührenpflichtige Straße		Toll road
Straße für Kraftfahrzeuge gesperrt	X X X X X	Road closed for motor vehicles
Straße für Wohnanhänger gesperrt		Road closed for caravans
Straße für Wohnanhänger nicht empfehlenswert		Road not recommended for caravans
Autofähre · Autozug-Terminal		Car ferry · Autorail station
Hauptbahn · Bahnhof · Tunnel		Main line railway · Station · Tunnel
Besonders sehenswertes kulturelles Objekt	Neuschwanstein	Cultural site of particular interest
Besonders sehenswertes landschaftliches Objekt	Breitachklamm	Landscape of particular interest
MARCO POLO Erlebnistour 1		MARCO POLO Discovery Tour 1
MARCO POLO Erlebnistouren		MARCO POLO Discovery Tours
MARCO POLO Highlight		MARCO POLO Highlight
Landschaftlich schöne Strecke		Route with beautiful scenery
Touristenstraße	Hanse-Route	Tourist route
Museumseisenbahn		Tourist train
Kirche, Kapelle · Kirchenruine Kloster · Klosterruine		Church, chapel · Church ruin Monastery · Monastery ruin
Schloss, Burg · Burgruine Turm · Funk-, Fernsehturm		Palace, castle · Castle ruin Tower · Radio or TV tower
Leuchtturm · Windmühle Denkmal · Soldatenfriedhof		Lighthouse · Windmill Monument · Military cemetery
Ruine, frühgeschichtliche Stätte · Höhle Hotel, Gasthaus, Berghütte · Heilbad		Archaeological excavation, ruins · Cave Hotel, inn, refuge · Spa
Campingplatz · Jugendherberge Schwimmbad, Erlebnisbad, Strandbad · Golfplatz		Camping site · Youth hostel Swimming pool, leisure pool, beach · Golf-course
Botanischer Garten, sehenswerter Park · Zoologischer Garten		Botanical gardens, interesting park · Zoological garden
Bedeutendes Bauwerk · Bedeutendes Areal		Important building · Important area
Verkehrsflughafen · Regionalflughafen		Airport · Regional airport
Flugplatz · Segelflugplatz		Airfield · Gliding site
Boots- und Jachthafen		Marina

ALLE **MARCO POLO** REISEFÜHRER

DEUTSCHLAND

Allgäu
Bayerischer Wald
Berlin
Bodensee
Chiemgau/
Berchtesgadener
Land
Dresden/
Sächsische Schweiz
Düsseldorf
Eifel
Erzgebirge/
Vogtland
Föhr & Amrum
Franken
Frankfurt
Hamburg
Harz
Heidelberg
Köln
Lausitz/Spreewald/
Zittauer Gebirge
Leipzig
Lüneburger Heide/
Wendland
Mecklenburgische
Seenplatte
Mosel
München
Nordseeküste
Schleswig-Holstein
Oberbayern
Ostfriesische Inseln
Ostfriesland/Nord-
seeküste Nieder-
sachsen/Helgoland
Ostseeküste
Mecklenburg-
Vorpommern
Ostseeküste
Schleswig-Holstein
Pfalz
Potsdam
Rheingau/
Wiesbaden
Rügen/Hiddensee/
Stralsund
Ruhrgebiet
Schwarzwald
Stuttgart
Sylt
Thüringen
Usedom
Weimar

ÖSTERREICH
SCHWEIZ

Kärnten

Österreich
Salzburger Land
Schweiz
Steiermark
Tessin
Tirol
Wien
Zürich

FRANKREICH

Bretagne
Burgund
Côte d'Azur/
Monaco
Elsass
Frankreich
Französische
Atlantikküste
Korsika
Languedoc-
Roussillon
Loire-Tal
Nizza/Antibes/
Cannes/Monaco
Normandie
Paris
Provence

ITALIEN
MALTA

Apulien
Dolomiten
Elba/Toskanischer
Archipel
Emilia-Romagna
Florenz
Gardasee
Golf von Neapel
Ischia
Italien
Italienische Adria
Italien Nord
Italien Süd
Kalabrien
Ligurien/
Cinque Terre
Mailand/
Lombardei
Malta & Gozo
Oberital. Seen
Piemont/Turin
Rom
Sardinien
Sizilien/
Liparische Inseln
Südtirol
Toskana
Venedig
Venetien & Friaul

SPANIEN
PORTUGAL

Algarve
Andalusien
Barcelona
Baskenland/
Bilbao
Costa Blanca
Costa Brava
Costa del Sol/
Granada
Fuerteventura
Gran Canaria
Ibiza/Formentera
Jakobsweg
La Gomera/
El Hierro
Lanzarote
La Palma
Lissabon
Madeira
Madrid
Mallorca
Menorca
Portugal
Spanien
Teneriffa

NORDEUROPA

Bornholm
Dänemark
Finnland
Island
Kopenhagen
Norwegen
Oslo
Schweden
Stockholm
Südschweden

WESTEUROPA
BENELUX

Amsterdam
Brüssel
Dublin
Edinburgh
England
Flandern
Irland
Kanalinseln
London
Luxemburg
Niederlande
Niederländische
Küste
Schottland
Südengland

OSTEUROPA

Baltikum
Budapest
Danzig
Krakau
Masurische Seen
Moskau
Plattensee
Polen
Polnische
Ostseeküste/

Danzig
Prag
Slowakei
St. Petersburg
Tallinn
Tschechien
Ungarn
Warschau

SÜDOSTEUROPA

Bulgarien
Bulgarische
Schwarzmeerküste
Kroatische Küste
Dalmatien
Kroatische Küste
Istrien/Kvarner
Montenegro
Rumänien
Slowenien

GRIECHENLAND
TÜRKEI
ZYPERN

Athen
Chalkidiki/
Thessaloniki
Griechenland
Festland
Griechische Inseln/
Ägäis
Istanbul
Korfu
Kos
Kreta
Peloponnes
Rhodos
Samos
Santorin
Türkei
Türkische Südküste
Türkische Westküste
Zákinthos/Itháki/
Kefalloniá/Léfkas
Zypern

NORDAMERIKA

Chicago und
die Großen Seen
Florida
Hawai'i
Kalifornien
Kanada
Kanada Ost
Kanada West
Las Vegas
Los Angeles
New York
San Francisco
USA
USA Ost
USA Südstaaten/
New Orleans
USA Südwest
USA West
Washington D.C.

MITTEL- UND
SÜDAMERIKA

Argentinien
Brasilien

Chile
Costa Rica
Dominikanische
Republik
Jamaika
Karibik/
Große Antillen
Karibik/
Kleine Antillen
Kuba
Mexiko
Peru & Bolivien
Yucatán

AFRIKA UND
VORDERER
ORIENT

Ägypten
Djerba/
Südtunesien
Dubai
Israel
Jordanien
Kapstadt/
Wine Lands/
Garden Route
Kapverdische
Inseln
Kenia
Marokko
Namibia
Rotes Meer & Sinai
Südafrika
Tansania/Sansibar
Tunesien
Vereinigte
Arabische Emirate

ASIEN

Bali/Lombok/Gilis
Bangkok
China
Hongkong/Macau
Indien
Indien/Der Süden
Japan
Kambodscha
Ko Samui/
Ko Phangan
Krabi/
Ko Phi Phi/
Ko Lanta
Malaysia
Nepal
Peking
Philippinen
Phuket
Shanghai
Singapur
Sri Lanka
Thailand
Tokio
Vietnam

INDISCHER OZEAN
UND PAZIFIK

Australien
Malediven
Mauritius
Neuseeland
Seychellen

REGISTER

Im Register sind alle in diesem Reiseführer erwähnten Orte und Ausflugsziele verzeichnet. Gefettete Seitenzahlen verweisen auf den Haupteintrag.

SCHREIBEN SIE UNS!

Egal, was Ihnen Tolles im Urlaub begegnet oder Ihnen auf der Seele brennt, lassen Sie es uns wissen! Ob Lob, Kritik oder Ihr ganz persönlicher Tipp – die MARCO POLO Redaktion freut sich auf Ihre Infos.

Wir setzen alles dran, Ihnen möglichst aktuelle Informationen mit auf die Reise zu geben. Dennoch schleichen sich manchmal Fehler ein – trotz gründlicher Recherche unserer Autoren/innen. Sie haben sicherlich Verständnis, dass der Verlag dafür keine Haftung übernehmen kann.

MARCO POLO Redaktion
MAIRDUMONT
Postfach 31 51
73751 Ostfildern
info@marcopolo.de

IMPRESSUM

Titelbild: Orciatal (Schapowalow/SIME: M. Rellini)
Fotos: C. Büld-Campetti (1 u.); DuMont Bildarchiv: Widmann (122/123, 126); © fotolia.com: Nina Hoff (19 o.); getty images: D. Simonis (80); huber-images: S. Amantini (114/115), Borchi (8, 118/119), P. Canali (17, 38), M. Carassale (2, 29, 75), Cellai (42, 101), Cenadelli (128 o.), G. Cozzi (44, 99), Luca Da Ros (70/71, 89), Dutton (10), C. Dutton (28 l., 28 r.), O. Fantuz (12/13, 83, 102/103), Friedel (72), Gräfenhain (Klappe r., 40, 61), J. Huber (78), G. Iorio (58), Klaes (84/85), A. Piai (26/27), M. Rellini (4 o., 37, 39, 52/53, 54/55, 117), R. Rinaldi (120), Ripani (20/21), M. Ripani (25, 51), Scattolin (140/141), Giovanni Simeone (4 u., 6); R. Irek (128 u.); © iStockphoto: gerenme (19 u.); © iStockphoto/fatmayilmaz (18 o.); M. Kirchgessner (94); laif: Zuder (57); Laif/hemis.fr: R. Mattes (48); L'ANDANA - Tenuta La Badiola: Giovanni Cecchinato (18 M.); mauritius images: Friedmann (127), Harding (127), mauritius images/Alamy (3, 9, 11, 48, 63, 93, 125); mauritius images/United Archives (22); H. P. Merten (Klappe l., 34); D. Renckhoff (30, 30/31, 64); Schapowalow/SIME: M. Rellini (1 o.); M. Schulte-Kellinghaus (5, 32/33, 67, 86); Spiegelhalter: Schulte-Kellinghaus (31); O. Stadler (7, 14/15, 76/77, 129); M. Thomas (47); Villa Fontelunga (18 u.); T. P. Widmann (69, 90, 97, 107, 126/127)

19. Auflage 2016
Komplett überarbeitet und neu gestaltet
© MAIRDUMONT GmbH & Co. KG, Ostfildern
Chefredaktion: Marion Zorn; Autorin: Christiane Büld Campetti; Redaktion: Nikolai Michaelis
Verlagsredaktion: Tamara Hub, Ann-Katrin Kutzner, Nikolai Michaelis, Kristin Schimpf, Martin Silbermann
Bildredaktion: Gabriele Forst; Im Trend: wunder media, München
Kartografie Reiseatlas und Faltkarte: © MAIRDUMONT, Ostfildern
Gestaltung Cover, S. 1, S. 2/3, Faltkartencover: Karl Anders – Büro für Visual Stories, Hamburg; Gestaltung innen: milchhof:atelier, Berlin; Gestaltung Erlebnistouren: Susan Chaaban Dipl.-Des. (FH)
Sprachführer: in Zusammenarbeit mit Ernst Klett Sprachen GmbH, Stuttgart, Redaktion PONS Wörterbücher

FSC® C011918
MIX
Paper from responsible sources
www.fsc.org

BLOSS NICHT 👆

Worauf Sie achten sollten, um sich die Ferien nicht zu vermiesen

FÄLSCHUNGEN KAUFEN

Auch wenn Sie ein leidenschaftlicher Schnäppchenjäger sind: Lassen Sie die Finger von preisgünstigen Ray-Ban-Brillen und Gucci-Taschen, die Ihnen in den Fußgängerzonen von den netten „Vu Cumpra" aus Senegal oder Somalia ans Herz gelegt werden. Bis zu 3000 Euro Strafe kann Sie – auch als Käufer! – solch ein gefaktes Accessoire vom Straßenhändler kosten.

IM ZUG DEN NAIVEN SPIELEN

Die Ausrede, man sei fremd im Land und wisse es nicht, zieht nicht. Vergessen Sie daher nicht, vor Antritt einer Zugfahrt die Tickets wie im Bus zu entwerten. Die Stempelautomaten stehen in den Bahnhofshallen oder auf den Bahnsteigen.

SPONTANER MUSEUMSBESUCH

Planen Sie keinen Besuch der ganz großen Museen, etwa der Uffizien in Florenz, ohne vorher reserviert zu haben. Das kostet Sie zwar ein paar Euro extra, dafür sparen Sie sich aber langes Schlangestehen.

ALLZU SORGLOS SEIN

Es muss leider gesagt werden: Passen Sie auf, wenn sich Ihnen bettelnde Kinder nähern. Oft haben sie eine Zeitung in der einen Hand und verdecken damit die andere, mit der sie in Ihren Taschen nach dem Geldbeutel fischen.

OHNE BON DAVON

Nehmen Sie immer den Kassenzettel mit, auch wenn Sie in der Bar nur einen Kaffee getrunken haben. Ausgenommen sind lediglich Zeitungen, Benzin und Zigaretten. Das *scontrino* ist der Beleg dafür, dass die Ware oder Dienstleistung verbucht wurde und Steuern abgeführt werden. Draußen kann es passieren, dass Steuerfahnder Sie ansprechen. Wenn Sie dann nichts vorlegen können, kann das für den Verkäufer und für Sie teuer werden.

SICH IM RESTAURANT DANEBENBENEHMEN

In Italien ist es nicht üblich, sich einfach an einen freien Tisch zu setzen. Warten Sie, bis Ihnen der Kellner einen Platz zuweist, wobei Sie selbstverständlich Ihre Wünsche äußern können. Auch getrennt zu bezahlen, ist nicht üblich. In Italien werden die Rechnungen tischweise präsentiert, der Betrag wird meist paritätisch aufgeteilt. Wenn Sie das nicht möchten, rechnen Sie hinterher untereinander ab. Beim Trinkgeld lassen Sie sich immer erst das Wechselgeld herausgeben und lassen den gewünschten Betrag dann auf dem Tisch liegen.

VERKEHRSBESTIMMUNGEN MISSACHTEN

Falschparken und Tempoüberschreitungen können Sie teuer zu stehen kommen. Bußgeldbescheide können inzwischen EU-weit eingetrieben werden und die Bußgelder in Italien gehören zu den höchsten in Europa.